科技助力冬残奥：
残疾人运动科学与技术创新

王向东　主编

人民体育出版社

图书在版编目（CIP）数据

科技助力冬残奥：残疾人运动科学与技术创新 / 王向东主编. -- 北京：人民体育出版社，2025. -- ISBN 978-7-5009-6597-8

Ⅰ. G811.228

中国国家版本馆CIP数据核字第2025EN0111号

科技助力冬残奥：残疾人运动科学与技术创新

王向东　主编
出版发行：人民体育出版社
印　　装：北京建宏印刷有限公司

开　本：710×1000　16开本　　印　张：13.5　　字　数：249千字
版　次：2025年5月第1版　　印　次：2025年5月第1次印刷
书　号：ISBN 978-7-5009-6597-8
定　价：72.00元

版权所有·侵权必究

购买本社图书，如遇有缺损页可与发行与市场营销部联系
联系电话：（010）67151482
社　　址：北京市东城区体育馆路8号（100061）
网　　址：https://books.sports.cn/

编委成员

主编

王向东　集美大学

副主编

严金慧　集美大学
王晓刚　太原科技大学

编委

徐青华　中国残疾人体育运动管理中心
谢　威　新加坡体育科学研究中心
王　帅　成都体育学院
李上校　国家体育总局体育科学研究所
巩天星　沈阳工业大学
李世明　中国海洋大学
任景萍　首都体育学院
徐志翼　集美大学
侯亚丽　山西师范大学
周继和　成都体育学院
刘瑞姣　陕西科技大学

序　言

冬季残疾人奥林匹克运动会（冬残奥会）不仅是全球最高级别的残疾人冬季体育赛事，更是展示科技创新的重要平台。冬残奥会中残疾运动员在冰雪运动中展现出了非凡的毅力，同时也对现代科技在运动表现、康复训练和辅助设备中的应用提出了新的挑战与要求。习近平总书记在总结北京冬奥会与冬残奥会时，强调了科技对于冬奥成功的重要性，指出：冬奥不仅是展现中国体育实力的舞台，更是推动体育与科技深度融合的契机[1,2]。本书正是在这一背景下，以"科技冬奥"专项为核心，系统探讨科技创新如何赋能残疾人运动。

为了更好地支持我国冬残奥运动员的训练与比赛，本书从残疾人体育的独特需求出发，深入分析了运动员的生物力学特征和各项目的技术要求。通过结合现代生物力学分析方法、虚拟现实技术和可穿戴设备，展示如何利用科技手段实现残疾运动员的精准训练和安全保障。特别是在复杂的高寒环境中，传统方法难以满足残疾运动员的需求，书中详细介绍了测力台—平衡板等创新测试技术的应用，以及无人机和惯性传感器如何在高寒、冰雪环境中提高数据采集的精确性。

各章节围绕冬残奥会的六大项目（残疾人越野滑雪、残疾人冬季两项、残疾人高山滑雪、残疾人单板滑雪、轮椅冰壶和残奥冰球）展开，详述了每个项目的生物力学特点、分级与评估标准、关键技术分析和个性化装备创新。针对不同的残疾类型，本书研究了如何优化运动装备，如高效假肢、滑雪椅、轮椅冰壶的智能化设计与应用，并详细介绍了这些创新装备在提升运动员表现

---

[1] 北京2022年冬奥会和冬残奥会组织委员会. 冬残奥会竞赛项目知识读本[M]. 北京：北京体育大学出版社，2022.
[2] 习近平. 在北京冬奥会、冬残奥会总结表彰大会上的讲话[N]. 人民日报，2022-04-09（2）.

中的重要作用。此外，智能化训练平台、大数据分析、仿真训练系统等技术手段的引入，使个性化训练计划成为可能，也为未来的残疾人运动科研提供了重要参考。

科技创新不仅提升了残疾人运动表现，还在运动损伤防护和康复中发挥着重要作用。基于生物力学的伤病仿真分析和新型康复设备的开发为残疾运动员提供了更科学的伤病预防与治疗手段。本书还探索了虚拟现实（VR）等科技手段在康复训练中的应用，帮助运动员在非理想条件下进行模拟训练，增强运动体验和安全性。这些技术突破为残疾人体育提供了前所未有的支持，使其不仅能在赛场上实现超越自我，还能在赛后实现更高效恢复。

展望未来，科技创新将继续推动残疾人运动全面发展，利用多学科融合不断攻克残疾人运动的技术难题，为更多残疾人参与体育运动提供便利和支持。习近平总书记强调了体育强国建设的重要性，"科技冬奥"战略正是实现这一目标的重要途径。本书旨在为我国冬残奥运动提供科学支撑，也希望为全球残疾人体育事业的发展贡献中国智慧。

我们期望，随着科技的进步，残疾人运动将迎来更加辉煌的未来，成为展示人类毅力、科技力量和社会进步的重要平台。同时，愿本书的出版能为推动我国残疾人体育事业发展贡献一份力量，并为国际残疾人运动科学研究提供有益的参考和借鉴。在此，我们向所有参与本课题的研究人员、运动员及各界支持者表示诚挚的感谢。

目 录

第一章　冬残奥会与体育科技的融合 ……………………………… 001
　　第一节　冬残奥会的历史与发展概况 ………………………… 001
　　第二节　残疾人体育的技术挑战与创新需求 ………………… 005
　　第三节　科技冬奥专项的实施路径和目标 …………………… 008

第二章　残疾人运动的生物力学研究 ………………………………… 011
　　第一节　残疾人运动生物力学研究的理论基础 ……………… 011
　　第二节　残疾人运动的特殊生物力学需求 …………………… 014
　　第三节　理论基础的整合与应用 ……………………………… 018
　　第四节　残疾运动员的生物力学模型构建 …………………… 020

第三章　残疾运动员的项目分级与生理特征 ………………………… 025
　　第一节　残疾人冬季运动项目运动员分级 …………………… 025
　　第二节　残疾人冬季运动项目运动员分级评估方法 ………… 030
　　第三节　残疾类型与运动项目的适应性分析 ………………… 034

第四章　截肢残疾运动员残端惯性参数研究 ………………………… 038
　　第一节　残疾人惯性参数的研究进展与技术方法 …………… 038
　　第二节　截肢残疾运动员的惯性参数测量 …………………… 040
　　第三节　截肢残疾运动员惯性参数的建模与计算方法 ……… 043
　　第四节　截肢残疾运动员运动分析中惯性参数的应用 ……… 047

第五章　残疾人越野滑雪 ······ 051
第一节　残疾人越野滑雪的历史、分类与发展 ······ 051
第二节　越野滑雪运动员的生理特征与技术需求 ······ 056
第三节　残疾人越野滑雪关键技术研究与生物力学分析 ······ 059
第四节　越野滑雪运动损伤与防护策略 ······ 064

第六章　残疾人冬季两项 ······ 067
第一节　残疾人冬季两项的历史、分类与发展 ······ 067
第二节　残疾人冬季两项运动员的生理特征与技术需求 ······ 072
第三节　残疾人冬季两项关键技术研究与运动生物力学分析 ······ 075
第四节　残疾人冬季两项运动员的损伤特征与预防策略研究 ······ 080

第七章　残疾人高山滑雪 ······ 082
第一节　残疾人高山滑雪的历史、分类与发展 ······ 082
第二节　残疾人高山滑雪运动员的生理特征与技术需求 ······ 087
第三节　残疾人高山滑雪关键技术研究与运动生物力学分析 ······ 090
第四节　残疾人高山滑雪运动员的损伤特征与预防策略研究 ······ 095

第八章　残疾人单板滑雪 ······ 097
第一节　残疾人单板滑雪的历史、分类与发展 ······ 097
第二节　残疾人单板滑雪运动员的生理特征与技术需求 ······ 102
第三节　残疾人单板滑雪关键技术研究与运动生物力学分析 ······ 105
第四节　残疾人单板滑雪运动员的损伤特征与预防策略研究 ······ 109

第九章　轮椅冰壶 ······ 112
第一节　轮椅冰壶的历史、分类与发展 ······ 112
第二节　轮椅冰壶运动员的生理特征与技术需求 ······ 117
第三节　轮椅冰壶关键技术研究与运动生物力学分析 ······ 121
第四节　轮椅冰壶运动员的损伤特征与预防策略研究 ······ 126

第十章　残奥冰球 ………………………………………………… 129
第一节　残奥冰球的历史、分类与发展 ……………………………… 129
第二节　残奥冰球运动员的生理特征与技术需求 …………………… 135
第三节　残奥冰球关键技术研究与运动生物力学分析 ……………… 139
第四节　残奥冰球运动员的损伤特征与预防策略研究 ……………… 142

第十一章　冬残奥项目的生物力学建模与损伤防护仿真研究 ……… 145
第一节　滑雪运动生物力学仿真分析 ………………………………… 145
第二节　生物力学仿真技术在运动损伤研究中的应用 ……………… 149

第十二章　技术创新与装备开发在残疾人体育中的应用 …………… 156
第一节　高科技装备的创新应用 ……………………………………… 156
第二节　智能化训练与生物力学分析 ………………………………… 160
第三节　生物力学测试方法的创新与实践 …………………………… 170
第四节　配速策略优化与智能能量管理 ……………………………… 184
第五节　科技助力运动损伤预防与康复 ……………………………… 187
第六节　虚拟现实与模拟训练技术的应用 …………………………… 192
第七节　科技助力残疾人体育的未来展望与挑战 …………………… 199

第一章

冬残奥会与体育科技的融合

第一节　冬残奥会的历史与发展概况

冬季残疾人奥林匹克运动会（以下简称冬残奥会）是全球最高级别的残疾人冬季体育赛事，象征着残疾运动员在冰雪运动中的非凡毅力和杰出表现。冬残奥会的诞生与发展，反映了残疾人体育事业在全球范围内的不断进步，以及社会各界对残疾人平等参与体育运动的关注和重视。作为奥林匹克运动的重要组成部分，冬残奥会的历史不仅见证了残疾人体育的发展历程，还展现了人类对平等、尊重和包容的追求[1]。

一、冬残奥会的起源与发展历程

冬残奥会源自"二战"后（20世纪中期），伴随着全球残疾人康复和社会融入的需求而逐步发展。当时，大量的伤残退伍军人和其他残疾人群体面临着身体和心理的双重挑战。为帮助他们康复，医学和社会组织开始通过体育活动促进其恢复。1948年，德国神经外科医生路德维希·古特曼（图1-1）在英国发起了一场针对脊髓损伤者的射箭比赛，这是现代残疾人体育运动的雏形。四年后，荷兰选手加入了比赛，推动这一赛事成为国际性活动，并逐步演变为残奥会的前身。1960年，首届夏季残奥会在意大利罗马举行，标志着残疾人体育正式迈向国际舞台，为后续的冬季残奥会奠定了基础。

---

[1] 杨国庆. 习近平关于办好北京2022冬奥会重要论述研究[J]. 成都体育学院学报, 2022, 48（1）: 1-7.

图 1-1　路德维希·古特曼

受夏季残奥会的启发，1976 年，首届冬残奥会在瑞典恩舍尔兹维克举办，设有高山滑雪和越野滑雪两个项目，吸引了来自 16 个国家约 200 名运动员参与。尽管初期规模较小，且比赛设备有限，但这一赛事标志着残疾人冬季运动正式登上国际舞台。早期的冬残奥会由于缺乏专业设备和训练资源，参赛运动员使用的是为健全人设计的器材，面临诸多挑战。然而，这些运动员克服了重重障碍，不仅展示了个人坚韧不拔的精神，也促使国际社会逐步关注并改善残疾运动员的训练和比赛条件。

国际残疾人奥林匹克委员会（IPC）（图 1-2）的成立标志着残疾人体育进入了更规范化的发展轨道。1988 年加拿大卡尔加里冬残奥会首次与冬奥会同期举办，提升了冬残奥会的国际影响力。自 1992 年阿尔贝维尔冬残奥会开始，冬残奥会与冬奥会逐渐在同一场地举办，吸引了更多观众关注。此后，

图 1-2　国际残疾人奥林匹克委员会（IPC）会标

科技的进步推动了冬残奥会的发展，包括生物力学分析、运动监测设备和专业康复设备的应用，这些提升了运动员的竞技水平和训练质量，推动冬残奥会朝着职业化和高水平竞技方向发展[1]。

21 世纪以来，冬残奥会的发展加速，规模与影响力进一步扩大。2014 年

---

[1] 张雷，陈小平，冯连世. 科技助力：新时代引领我国竞技体育高质量发展的主要驱动力 [J]. 中国体育科技，2020, 56（1）：3-11.

索契冬残奥会首次实现全球电视转播，大幅提升了冬残奥会的关注度[1]；2018年平昌冬残奥会成为史上规模最大的一届，共吸引49个国家和地区的567名运动员参赛[2]。平昌冬残奥会新增的单板滑雪项目吸引了大量年轻观众的关注，并采用了高科技数据监测和虚拟现实（VR）技术进行赛前训练与康复。科技的发展不仅帮助运动员提升了运动表现，也有效降低了比赛中的受伤风险。

冬残奥会从最初的小型赛事发展为今天的全球盛会，象征着残疾人体育事业的巨大进步，同时反映了社会对残疾人平等参与权的重视。如今，冬残奥会不仅是一个竞技场，更成为展现残疾运动员勇气与毅力的舞台，推动了残疾人体育事业的发展和社会对残疾人平等的认可。

二、冬残奥会的重大变革与科技驱动的社会影响

冬残奥会自创办以来历经多次重要变革，不仅推动赛事日益专业化、国际化，也反映了全球对残疾人体育事业的重视与支持。通过不断优化赛事组织、提升技术水平和残疾运动员的竞技能力，冬残奥会从最初的康复活动逐步蜕变为世界顶级赛事。这一历程不仅改变了残疾人体育的面貌，也在社会层面上产生了积极的影响。

冬残奥会赛事规则与分类体系的不断完善，使更多残疾类别的运动员能够参与，增强了赛事的多样性与包容性。国际残疾人奥林匹克委员会（IPC）根据残疾类型和程度制定了详细的分级标准，为赛事的公平性提供了保障，进一步推动了赛事的多元化与专业化。例如，轮椅冰壶和单板滑雪项目的引入，为不同类型的残疾人提供了更多的参赛机会。

科技进步对冬残奥会的发展产生了深远的影响，生物力学、材料科学等学科中科技的不断发展使运动员的竞技表现得以显著提升。例如，碳纤维滑雪板和轻量化辅助器材不仅减轻了运动员的负担，还提高了滑行速度。此外，3D打印技术使假肢和辅助装备能够根据个人需求定制，帮助运动员更好地展现竞

---

[1] Koreneva V M, Eremina A E, Shpyrnya V O. Using the Sochi 2014 XXII Olympic and the XI Paralympic Winter Games objects in the postolympian period based on their transformation into a tourist product [J]. Научный вестник Южного института менеджмента, 2019（2）：108-114.

[2] Hyangmi K, Chungsup L, Tae K K, et al. Paralympic legacy as seen through the lenses of spectators with physical disabilities：a case of the PyeongChang Paralympic Games [J]. Annals of Leisure Research, 2024, 27（2）：293-312.

技水平（图1-3）。生物力学技术的应用让运动员可以实时获取自身运动数据，教练员和运动员据此调整动作，提高训练效果。例如，惯性测量单元（IMU）和动作捕捉技术帮助滑雪运动员优化滑行姿势和控制速度[1]。

在医疗和康复领域，先进技术也为残疾运动员提供了重要支持。现代康复设备如电刺激治疗、高压氧疗法等帮助运动员加速身体机能恢复，降低了受伤风险。虚拟现实（VR）和增强现实（AR）技术在康复训练中的应用，使运动员可以在模拟的比赛环境中保持竞技状态，显著提高了康复效果。

图1-3　3D打印技术开发的坐姿羽绒马甲和坐姿防风防滑羽绒裤

数字化技术的引入同样推动了冬残奥会的专业化、提高了观赏性。近年来，数据分析和人工智能（AI）技术被广泛应用于赛事转播和运动员表现分析。例如，2018年平昌冬残奥会使用数据分析技术进行实时跟踪，观众可以通过智能手机实时了解滑行速度、路径等关键数据。在裁判判罚中AI技术被用于分析运动轨迹，确保判罚的公正性。这些科技手段不仅提升了观赛体验，也为运动员和教练员的赛后分析提供了可靠依据。

冬残奥会的影响力随着科技进步而扩大，对残疾人体育运动的社会影响力亦在增强。通过媒体传播，冬残奥会的赛事、运动员故事和比赛成绩得以传递至全球，社会对残疾人运动的认知与态度不断转变。残疾运动员在赛场上展现出的勇气与毅力，激励着无数人，为社会带来了积极向上的正能量，推动了人们对残疾人平等参与权利的认可。

此外，冬残奥会还促进了全球残疾人体育事业的发展。随着冬残奥会的影响力不断扩大，越来越多的国家设立了残疾人体育组织，积极推动残疾人参与体育运动。这一发展不仅为残疾人提供了更多机会，也给残疾人的康复、社交、就业等方面带来积极影响。许多国家通过冬残奥会完善了无障碍设施，促进了社会对残疾人的关注和支持。国际间的交流与合作在冬残奥会的带动下逐

---

[1] 郑秀瑗. 人体环节惯性参数测试方法述评[C]//全国运动生物力学发展趋势研讨会资料汇编. 北京：清华大学工程力学系，1986：64-73.

渐深入，各国在残疾人体育的科研、训练和赛事组织等方面展开了广泛合作，形成了全球性的残疾人体育发展网络。

冬残奥会的重大变革与科技驱动下的社会影响，已经超越了体育竞技的范畴，成为推动社会进步和保障残疾人权益的重要力量。冬残奥会的发展历程，见证了残疾人体育事业的不断壮大，也折射出全社会对残疾人平等参与和实现自我价值的尊重与支持。未来，随着科技的不断进步和社会对残疾人体育运动的持续关注，冬残奥会将继续引领残疾人体育事业的发展，为更多残疾人打开通往冰雪世界的大门，书写更辉煌的篇章。

第二节 残疾人体育的技术挑战与创新需求

残疾人体育不仅仅是一种竞技活动，更是展现人类在面对身体限制时所展现出的顽强意志和创新精神的舞台。与健全人体育相比，残疾人体育在训练、比赛和康复过程中面临着更加复杂和独特的技术挑战。这些挑战不仅源于残疾运动员的身体状况差异，还源于如何利用科学技术帮助他们发挥最大潜能。因此，为了推动残疾人体育的发展，必须在技术创新的基础上，持续探索更加个性化和精细化的解决方案。

一、残疾运动员的多样化需求与复杂挑战

残疾运动员的身体状况具有高度的多样性，这种差异导致在运动过程中他们面临的挑战千差万别。例如，截肢运动员需要应对假肢与身体协调性的问题，而脊髓损伤运动员则需克服下肢功能受限的困难。此外，视力障碍运动员在运动中完全依赖于特殊的导航和引导设备。这些多样化的需求决定了在训练和比赛中，不能简单地沿用传统的运动技术手段和方法，而必须为每种残疾类型的运动员量身定制特定的解决方案。

一个主要的技术挑战是如何准确地采集和分析残疾运动员的运动生物力学参数。由于残疾运动员的身体结构和功能与健全人显著不同，传统的生物力学模型和分析工具往往无法直接应用。因此，开发适用于残疾运动员的生物力学模型，特别是精确测量他们的环节惯性参数，成为技术创新的重点方向。为此，高精度的三维动作捕捉技术、力平台系统以及惯性传感器等先进手段逐渐被应用于残疾运动员的运动分析中，这些工具能够更全面地分析运动员在运动过程中的姿态和力量分布，从而为其技术诊断和动作优化提供科学依据。

此外,残疾运动员多在高寒、高山、冰雪等特殊环境下训练和比赛,这对技术支持提出了更高的要求。传统的训练设施和方法在这些复杂环境中往往难以有效应用,特别是在冬季残奥会项目中,极端的环境条件如低温、湿滑的冰雪表面,显著增加了训练和比赛的难度[1]。如何在这些极端条件下保障运动员的安全,同时帮助他们优化运动表现,成为一个重要的技术挑战。

二、生物力学与运动康复技术的突破

针对残疾运动员的独特需求,生物力学研究的重点之一是开发定制化的运动评估系统和康复训练设备。近年来,虚拟现实技术、增强现实技术以及可穿戴设备的应用,为残疾运动员的运动训练和康复提供了新的可能性[2]。例如,虚拟现实滑雪模拟平台的应用,不仅可以让运动员在夏季模拟雪上滑行的感觉,还能够通过虚拟现实技术实时监测他们的运动状态和生理反应,从而为他们量身定制更加个性化的训练计划。

在康复领域,残疾运动员往往需要综合多种训练方法提升他们的运动能力。例如,截肢运动员不仅需要加强假肢的适应性训练,还需要通过平衡训练和协调性训练弥补身体其他部位的不足。现代生物力学技术通过整合测力台、平衡板和可穿戴传感设备等工具,全面评估运动员的运动能力和康复效果,为他们制定科学的训练方案。这种多模式的训练集成,不仅提高了康复的效率,也增强了运动员的竞技表现。

生物力学技术的突破还体现在伤病预防和运动表现优化方面。通过对运动损伤的仿真分析和生物力学建模,研究者能够识别运动员在复杂运动条件下的潜在损伤风险,并为他们提供更为科学的预防和康复策略[3]。例如,结合人工智能技术的深度学习算法,可以实时分析运动员的动作轨迹和肌肉活动情况,从而帮助教练员优化训练强度和频率,避免因过度训练导致的损伤[4]。

---

[1] Xingxing L, Lulu S, Hao W. Digitalization of Cross-Country Skiing Training Based on Multisensor Combination [J]. Journal of Sensors, 2021:(1):1-11.
[2] 刘颜东. 虚拟现实技术的现状与发展 [J]. 中国设备工程, 2020 (14):162-164.
[3] 丁刚毅, 李鹏, 黄天羽, 等. 北京冬奥大规模活动仿真技术的应用实践 [J]. 科技智囊, 2022 (5):16-18.
[4] 苏宴锋, 赵生辉, 李文浩, 等. 人工智能提升运动表现的前沿进展、困境反思与优化策略 [J]. 上海体育学院学报, 2023, 47 (2):104-118.

三、运动监测与数据分析的智能化应用

随着传感技术和数据分析工具的不断进步，智能化运动监测（图1-4）在残疾人体育中的应用越来越普遍[1]。可穿戴设备、无人机监控系统以及智能数据分析平台的结合，能够更详细地记录和分析运动员的训练数据。这些技术的应用不仅提升了训练和比赛的监控精度，也可以更加科学和高效地制定个性化训练方案。

例如，基于无人机和惯性传感器的运动监测系统能够在复杂的户外环境中实时捕捉运动员的动态数据，如速度、加速度、方向和姿态变化等。这种多维度的数据采集和分析为教练员和科研人员提供了翔实的运动表现评估依据。通过人工智能算法对数据进行分析，可以从海量数据中提取运动员的运动模式和特征，帮助教练员发现隐藏的运动规律和表现提升空间。

图1-4 滑雪运动员运动信息采集与分析系统界面

此外，智能化的数据分析还可以为制定与优化比赛策略提供支持。通过分析往届比赛的数据，研究人员可以为运动员制定更加有效的比赛策略，并在比赛过程中实时调整战术，增强运动员的应变能力和竞争力。这种数据驱动的训练和比赛策略优化，极大地提高了残疾运动员在国际赛场上的竞争水平。

四、残疾人体育中的辅助设备与创新设计

辅助设备的创新设计是残疾人体育技术发展的重要组成部分。无论是在冰上运动中的轮椅冰壶，还是雪上运动中的坐姿滑雪器材（图1-5），设备的设

---

[1] Håvard Myklebust, Jostein Hallén. Validity of ski skating center-of-mass displacement measured by a single inertial measurement unit [J]. Journal of Applied Biomechanics, 2015, 31 (6): 492-498.

计都直接影响着运动员的表现和安全。如何根据残疾运动员的实际需求设计和制造更加轻便、高效、安全的运动装备，是当前技术创新的一个关键方向。

图 1-5　成人残疾人坐姿滑雪板

近年来，随着材料科学和生物力学研究的进步，针对不同残疾类型的个性化装备设计得到了迅速发展[1]。例如，新型复合材料的应用，使运动装备更加轻便和耐用，有效减轻了运动员的身体负担。此外，智能装备的研发和应用，如具有自动调整功能的轮椅和假肢，不仅提升了运动员的舒适性，还显著改善了他们的运动表现。

在滑雪运动中，智能化的训练设备同样发挥着重要作用。例如，智能坐姿滑雪训练设备不仅能够模拟不同坡度和雪质条件，还能实时记录运动员的动作数据，帮助教练员分析和优化训练方案。这种设备的创新设计和应用，进一步推动了残疾人体育的科技化和智能化发展，为残疾运动员提供了更多的训练可能性和表现提升的机会。

第三节　科技冬奥专项的实施路径和目标

"科技冬奥"专项的启动旨在通过科技创新手段提升我国冬奥运动员的竞技水平[2]，充分发挥体育科技在奥运备战中的作用，实现国际赛场上的"弯道超车"。在总结服务2008年北京奥运会、2010年上海世博会和2010年广州亚运会的成功经验的基础上，科技部深入分析了2022年北京冬奥会的特点和

---

[1] 丁刚毅，李鹏，黄天羽，等. 北京冬奥大规模活动仿真技术的应用实践[J]. 科技智囊，2022（5）：16-18.
[2] 张雷，陈小平，冯连世. 科技助力：新时代引领我国竞技体育高质量发展的主要驱动力[J]. 中国体育科技，2020，56（1）：3-11.

第一章 冬残奥会与体育科技的融合

需求，并于 2016 年提出了"科技冬奥"的初步设想。2017 年，"科技冬奥"被纳入国家重点研发计划，为北京冬奥会和冬残奥会的成功举办提供全方位的科技支撑（图 1-6）。

图 1-6 采用宇航级别碳纤维复合材料的中国雪车

在冬残奥专项中，强调"人—动作—器械"一体化布局模式，重点提升运动员体能、心理素质、技战术能力，以及运动假肢、矫形器、辅具与器材装备的协同增效，力求通过科技手段提升冬残奥运动员的运动表现。作为"科技冬奥"中的重要攻关课题之一，本专项致力于对冬残奥六大项目（单板滑雪、高山滑雪、越野滑雪、冬季两项、轮椅冰壶和残奥冰球）的重点运动员的关键动作技术进行深入诊断和优化。通过科技手段和设备的创新与集成，为运动员在国际赛场上取得优异成绩提供坚实的科技支撑，同时探索适用于残疾运动员的生物力学指标采集方法、数据分析手段和虚拟现实模拟平台。

一、战略目标与重点领域

"科技冬奥"专项的核心目标是通过科技创新，为北京冬奥会和冬残奥会提供全方位的科技支撑。这一目标的实现需要跨越多个领域的技术开发和集成，包括先进训练方法的开发、关键运动技术的优化，以及运动装备和设施的技术集成。

针对冬残奥会，"科技冬奥"专项特别强调构建一个科技驱动的训练框架，以满足残疾运动员的特殊需求。这就要求为不同类型残疾运动员提供个性化的训练和评估方法，精准测量残疾运动员的身体惯性参数、肌肉力量和生物力学特征。专项的战略路径包括引入可穿戴设备、虚拟现实技术、无人机监控

— 009 —

系统等创新手段，以应对复杂环境下的训练和比赛挑战，例如冰雪、高寒和高海拔等环境条件。

专项的一个关键方面是针对冬残奥六大项目的技术诊断和优化研究。研究团队通过创新手段（如测力台—平衡板法）精确测量截肢运动员的身体惯性参数，并结合先进的技术平台和生物力学测试方法，创建了一个多维度的模拟与训练环境，能够进行精确有效的技术分析和改进。这种方法有助于帮助教练员和运动员制订更科学、更高效的训练计划和比赛策略。

二、实施的技术路径

"科技冬奥"专项的实施路径主要围绕冬残奥运动员在训练、比赛和康复中的独特需求，采用系统化的技术手段优化其运动表现。该专项结合生物力学、虚拟现实、传感器技术和人工智能等多学科与技术创新，通过精确的生物力学数据采集、可穿戴设备监测、高度仿真的 VR 训练平台，构建涵盖数据采集、技术分析和反馈的完整流程。具体实施路径包括：利用测力台和平衡板法精确采集截肢运动员的惯性参数；开发适应极端环境的可穿戴设备和无人机监测系统，提升实时监测和调整的精度；通过 VR 平台提供全年不间断的滑雪模拟训练，特别是在无雪季节有效延续训练时间；集成肌电图和运动成像等多模态技术，为运动员识别最佳运动策略并提供全方位伤害预防支持[1]。

三、关键研究与创新成果

"科技冬奥"专项在研究过程中取得了一系列关键的科学突破和技术创新，这些成果为冬残奥运动员的训练、技术提升以及伤病预防等方面提供了新的解决方案和重要支撑。这些成果不仅在理论上丰富了残疾人运动科学的研究方法，也在实践中直接改善了运动员的训练效果和比赛成绩。专项的研究成果涵盖了从基础数据的采集与分析，到高级仿真模拟和个性化训练设备的开发，并通过实际应用验证了这些技术的有效性和可靠性。通过科技手段的深度应用和整合，"科技冬奥"专项在国际残疾人体育领域树立了科技助力竞技体育发展的新标杆，为未来更多的创新和应用奠定了坚实的基础。

---

[1] 郭才媛，侯亚丽，王向东. 残疾人单板滑雪障碍追逐出发阶段运动学及表面肌电特征研究 [J]. 冰雪运动，2024，46（2）：27-31；43.

第二章
残疾人运动的生物力学研究

残疾人运动生物力学研究主要涵盖了对运动生物力学的基本原理、残疾人运动的特殊需求和适应性机制，以及相关的康复和运动再学习理论等的研究。运动生物力学作为一门跨学科的科学，融合了生理学、解剖学、力学、物理学等多种学科知识，为理解人体运动规律和优化运动模式提供了理论支撑。对残疾人来说，由于其身体条件的特殊性，传统运动生物力学的理论需要结合残疾人的生理和功能特点进行适应性调整和拓展，才能更好地指导残疾人运动的实践和康复过程。

第一节　残疾人运动生物力学研究的理论基础

运动生物力学作为一门学科，主要运用力学原理分析人体在运动中的力学特性与运动规律。它不仅研究人体在运动时所受的力和产生的力，还探讨了这些力对运动的影响，从而为优化运动表现、提高效率提供理论依据。在残疾人运动中，尤其是冬残奥项目中，运动生物力学的基本原理至关重要，因其需要解决运动功能缺失或代偿过程中出现的生物力学问题[1]。运动生物力学的核心研究方向主要包括以下八个方面：

一、运动学分析

运动学分析是运动生物力学的基础领域，主要研究人体或肢体在运动过程中的位移、速度、加速度等运动学参数。其关键在于描述运动轨迹和运动过程中肢体的空间位置和变化。这一分析不涉及力的作用，仅关注运动本身的时间

---

[1] Kim He' Bert-Losier M S, Hans-Christer Holmberg. Biomechanical factors influencing the performance of elite alpine ski racers [J]. Sports Med, 2014, 44 (4): 519-533.

和空间特征[1]。在冬残奥项目中，运动员的运动轨迹往往与普通运动员不同，特别是使用辅助设备或因截肢、残疾等导致的运动功能变化，通过运动学分析，可以揭示这些运动中的细微差别，并为训练提供优化方向。

运动学分析不仅应用于动态运动，还可用于静态姿态的分析。通过对运动姿态和轨迹的研究，可以评估不同动作的效率和稳定性，帮助运动员找到最佳运动模式，提高运动表现。

二、动力学分析

动力学分析探讨人体在运动过程中受到的内外力及其对运动的影响，尤其是在加速或减速过程中。动力学研究通过分析外力（如重力、地面反作用力、空气阻力等）和内力（如肌肉收缩力、关节反作用力等）的作用，了解运动中的力学平衡和动力变化。动力学分析不仅揭示运动员如何产生力、抵抗力和改变运动状态，还可以帮助优化运动技术，以减少能量消耗，提高效率。

在冬季残疾人运动中，动力学分析至关重要。例如，在坐式滑雪、轮椅冰球等项目中，运动员依赖上肢或使用假肢完成动作，这种动力学表现与健全运动员有显著区别。通过动力学分析，可以为残疾运动员制订更加精确的训练计划，优化运动时的力学平衡，并有效减少疲劳和损伤。

三、机械功与能量效率

运动生物力学中的机械功和能量效率研究领域，主要关注运动过程中的能量消耗和利用效率。不同的运动形式对能量的消耗和转化有显著差异，尤其在高强度、长时间的运动中，提高能量效率可以显著提升运动表现。对于残疾运动员，由于其身体的某些功能缺失，能量消耗常常比健全运动员更大。因此，提升能量效率是生物力学研究中的重点。

能量效率分析涉及运动员在比赛或训练中的能量输入与输出比例，通过研究能量代谢过程，可以找出更有效的运动方式，减少不必要的能量消耗。生物力学研究中常用的能量效率评估方法包括测量氧耗率、计算能量代谢率等，这些数据可以为残疾运动员的康复训练和比赛策略提供科学指导。

---

[1] Benedikt Fasel, Matthias Gilgien, Geo Boffi, et al. Three-dimensional body and centre of mass kinematics in alpine ski racing using differential GNSS and inertial sensors [J]. Remote Sensing, 2016, 8 (8): 671-684.

四、关节与肌肉力矩分析

关节与肌肉力矩的分析涉及对人体关节和肌肉在运动中产生的转动力进行研究。力矩分析可以帮助理解运动中的关节如何工作、肌肉如何施力，并揭示不同运动方式对关节的压力和负担[1]。肌肉通过施加力驱动关节运动，而关节的健康和功能性对于运动的稳定性和效率至关重要。

通过对关节和肌肉力矩的分析，生物力学研究可以为运动员的训练计划提供依据，特别是在减少运动中的过度负担和关节损伤方面具有重要意义。对于残疾运动员，由于其某些关节或肌肉可能受损或功能不足，力矩分析尤为关键，可以帮助他们通过代偿机制实现动作的平衡和协调。

五、运动控制与协调

运动控制与协调是运动生物力学的核心研究领域之一，关注人体如何通过神经系统的控制精确调节肌肉和关节的运动。运动控制系统由中枢神经系统、周围神经系统和感官反馈系统构成，它们共同作用以确保运动的协调性和灵活性[2]。

在运动生物力学中，运动控制理论用于解释肌肉如何产生运动以及运动中的协调与平衡问题。对于残疾运动员，由于某些感官或神经系统功能的缺失，他们的运动控制能力可能受到影响。因此，生物力学研究中不仅要分析运动的力学问题，还需要结合神经系统的控制机制，通过研究运动模式和反馈机制，帮助运动员提高动作的协调性和精确性。

六、肌肉骨骼系统的功能分析

在运动生物力学研究中，肌肉骨骼系统的功能分析主要涉及骨骼、肌肉、韧带和关节的协同工作，特别是在不同运动状态下，这些系统如何共同作用以产生有效的运动[3]。肌肉骨骼系统的健康状况直接影响运动的力量、速度和耐久性，因此对其生物力学分析至关重要。

---

[1] Winter D. A. Biomechanics and Motor Control of Human Movement [M]. University of Waterloo Press, 1987.

[2] Hanavan J E P. A mathematical model of the human body [J]. Amrl Tr, 1964: 1-69.

[3] Damavandi M, Farahpour N, Allard P. Determination of body segment masses and centers of mass using a force plate method in individuals of different morphology [J]. Medical Engineering & Physics, 2009, 31 (9): 1187-1194.

在残疾人运动中，由于某些肌肉或骨骼系统的缺失或功能障碍，运动往往依赖于其他健康部位的代偿运动。肌肉骨骼系统的生物力学分析可以帮助理解代偿机制，优化动作模式，并减少不必要的损伤。通过研究残疾运动员的肌肉骨骼负荷和动作策略，生物力学可以为康复和训练提供个性化指导。

七、多刚体系统与力学模型构建

多刚体系统是运动生物力学中的重要分析工具，用于模拟人体在运动中的力学行为[1]。在这个系统中，人体被视为由多个刚体组成的系统，各刚体之间通过关节连接，通过动力学方程描述各部分的运动。这种建模方法有助于分析复杂的运动模式，并通过数值模拟预测运动中的力学表现。

对于残疾人运动，个性化的多刚体力学模型至关重要。通过这些模型，可以模拟不同残疾类型下的运动特性，分析辅助器具（如假肢、轮椅）对运动的影响，并通过仿真优化运动员的训练和康复计划。这些模型可以帮助运动员在比赛中最大化运动表现，同时减少身体的负荷和伤病风险。

八、机械适应与结构变形

生物力学的另一个研究方向是探讨人体在运动中的机械适应和结构变形。长期运动或特定运动习惯会对肌肉、关节和骨骼系统产生累积效应，导致结构性变形或适应性变化。这一领域的研究可以揭示运动中的长期风险因素，帮助制定预防性措施[2]。

在残疾人运动中，由于某些部位长期受到不对称的力学应力，身体的其他部分可能发生代偿性结构变化。通过分析这些变化，生物力学可以帮助设计更有效的训练方案，预防潜在的长期损伤，并改善运动员的运动模式。

第二节 残疾人运动的特殊生物力学需求

残疾人运动的生物力学需求与健全人有显著不同，主要表现在运动功能的缺失或受限、代偿机制的运作、适应性运动模式的形成、代谢机制的变化以及

---

[1] 戎保, 芮筱亭, 王国平, 等. 多体系统动力学研究进展 [J]. 振动与冲击, 2011, 30 (7): 178-187.

[2] 姜勇, 郑益丽, 徐盛嘉. 生物力学背景下物理疗法的研究与进展 [J]. 中国组织工程研究, 2019, 23 (12): 1936-1942.

心理状态的影响等多方面。针对这些特殊需求，运动生物力学的研究不仅要关注力学作用本身，还要结合残疾运动员的身体结构、功能状态和心理特征，制定个性化的运动和康复策略，以支持其更好地参与运动和提高竞技表现。

一、适应性运动模式分析

适应性运动模式分析是残疾人运动生物力学研究中的核心内容之一。由于残疾人身体某些部位的功能缺失或受限，他们在运动时会自发采用不同于健全人的运动模式，以维持基本的运动能力。例如，截肢者在行走时，需要借助假肢或其他辅助设备支持身体的移动，而坐轮椅的运动员则依靠上肢力量推动轮椅前进。

这些适应性运动模式的形成，是残疾人通过长期实践逐步调整和优化运动策略的结果。适应性运动模式不仅是对残疾生理状态的自发调整，也是运动生物力学领域中对运动效率和安全性的重点关注对象。通过分析这些模式，可以有效地揭示残疾人运动中如何重新分配运动负荷，如何通过健康部位的代偿运动维持平衡与稳定。特别是在冬残奥会项目中，例如坐式滑雪、轮椅冰球等，运动员的运动模式与普通运动员截然不同，适应性运动模式的研究可以帮助其优化运动轨迹和技术，从而提高运动表现。

二、功能代偿与力学优化

功能代偿是指身体的某些部位通过改变运动策略或负荷分布来补偿功能受限的部位。这一过程在残疾人运动中尤为显著，特别是在失去某些关键身体功能的情况下，其他健康肢体或器官通常需要承担额外的负荷，以维持基本的运动能力[1]。功能代偿不仅仅是简单的肌肉代偿，而是包含了复杂的神经、肌肉和力学系统的协调运作。

运动生物力学通过研究功能代偿过程中的力学变化，可以为残疾人提供优化的运动方案，减少不必要的负荷和代偿性损伤。例如，双下肢截肢者在行走或运动时，必须依赖上肢力量推动轮椅或假肢进行运动。这种代偿行为可能会导致上肢和肩部长期过度使用，从而引发其他关节或肌肉的损伤。生物力学研究可以通过分析这些代偿力的分布和负担，帮助残疾人调整运动模式，减轻过

---

[1] Kollia A, Pillet H, Bascou J, et al. Validation of a volumic model to obtain personalized body segment inertial parameters for people sitting in a wheelchair [J]. Computer Methods in Biomechanics and Biomedical Engineering, 2012, 15 (1): 208-209.

度负担,并提高运动效率和舒适度。

此外,功能代偿的力学优化还包括对辅助器具的设计与应用,例如假肢、轮椅等。通过对假肢的材料、形状和功能进行生物力学分析,可以为残疾人提供更加符合其运动需求的辅助设备,从而有效减少代偿带来的身体压力。

三、个性化生物力学模型的建立

个性化生物力学模型的建立是为了精确反映每个残疾人在运动过程中独特的力学表现。由于残疾类型和个体差异的存在,传统的生物力学模型难以全面反映残疾人在运动中的特殊性。因此,残疾人运动研究需要发展个性化的模型,以便更准确地模拟不同残疾类型下的运动特征[1]。

这种个性化模型不仅仅是为了描述运动中的力学特征,还要考虑残疾人的个体差异,如年龄、性别、残疾部位及程度等。同时,还需要整合社会和心理因素,以便更全面地反映残疾人的实际运动能力和需求。通过这些个性化的生物力学模型,研究人员能够更精确地预测残疾人在不同运动情境中的表现,并为他们量身定制运动和康复计划。

例如,在残奥项目中,轮椅篮球或坐式滑雪等运动都需要依据运动员的个体情况建立特定的生物力学模型,分析他们在运动时的力学需求及能量消耗。这些模型能够为运动策略的优化、器具设计和康复训练提供科学依据。

四、代谢机制与运动生物力学的结合

残疾运动员的代谢机制与健全人不同,特别是在因运动功能缺失而导致的代谢模式改变时,运动生物力学研究需要将代谢机制纳入分析范围。由于某些运动功能的受限,残疾运动员在运动中可能需要动用更多的能量完成相同的动作或维持运动状态。运动生物力学可以通过测量能量消耗和代谢产物的变化分析不同运动模式的代谢效率,并为其制订更加科学的运动计划[2]。

代谢效率的优化不仅影响运动员的体能消耗,还对他们的整体运动表现和康复进程有着直接影响。生物力学研究通过评估残疾人在不同运动状态下的代谢需求,可以帮助设计更合理的训练强度与时长,避免因过度训练导致的疲劳

---

[1] Zatsiorsky V, Seluyanov V. The mass and inertia characteristics of the main segments of the human body [M]. Nagoya, 1983.
[2] 郑兵,张舟. 不同加压抗阻训练模式对运动后人体生理及生物力学特征的影响研究 [J]. 西南师范大学学报(自然科学版),2021,46(2):126-134.

和伤病。

五、心理与生理互动的生物力学研究

心理因素在残疾人运动中占据着重要地位，尤其是心理状态对运动表现的影响不可忽视。残疾运动员常常面临自信心不足、焦虑和适应性挑战等心理问题，而这些问题直接影响他们的运动策略和动作表现。生物力学研究在残疾人运动中，不仅需要关注物理层面的力学分析，还必须整合心理学的视角，研究心理与生理之间的互动关系。

运动生物力学可以通过分析心理压力下的运动模式变化，帮助理解残疾人在高压状态下如何调整运动策略。结合心理干预与生物力学优化训练，可以帮助残疾运动员在比赛或训练中更好地控制自己的情绪和身体反应，增强自信心，提高运动效率。

六、辅助设备与运动生物力学的协同作用

辅助设备（如假肢、轮椅等）是残疾人运动中不可或缺的工具，这些设备如何与运动员的身体力学特性协同运作，成为运动生物力学的一个重要研究方向。通过对这些设备的材料、设计和运动中的力学表现进行分析，可以优化设备的功能，使其更好地满足残疾人的运动需求。

例如，在冬残奥会的坐式滑雪项目中，滑雪器具与运动员的生物力学需求需要精密匹配。运动生物力学可以通过分析运动员的姿态、推力和滑行轨迹，帮助调整设备的角度、材料和动力传输方式，以提高运动员的速度和稳定性。

七、运动再学习与康复中的生物力学应用

对许多残疾运动员来说，运动再学习是恢复运动功能和提高运动表现的重要环节。运动再学习涉及通过生物力学原理重新掌握新的运动方式，特别是在经历重大损伤或残疾后，如何通过适应性训练重新建立运动模式，是康复过程的关键。

运动生物力学通过量化运动中的力学变化，可以为运动再学习的每一个阶段提供精确的反馈和指导。例如，通过分析轮椅冰球运动员在推轮时的运动轨迹和力量分布，生物力学可以帮助运动员调整手臂的角度和力度，以提高推轮效率和控制力。

第三节　理论基础的整合与应用

在残疾人运动生物力学的研究中，传统的生物力学理论和方法必须进行整合与创新，才能有效适应残疾人群体在运动和康复中的特殊需求。这种理论基础的整合不仅仅是技术上的完善，更是基于多学科交叉的全新发展方向。通过生物力学、康复学、生理学等学科的协同研究，可以更好地服务于残疾人运动的多层次需求，包括技能训练、设备设计、康复再学习和竞赛规范等。以下几方面是理论整合应用的关键点：

一、优化残疾人运动技能的训练方法

生物力学分析为残疾人运动技能的训练提供了精确的数据支持。通过对不同残疾类型运动员的运动模式进行生物力学分析，研究人员能够准确评估运动员在运动过程中面临的挑战。这些挑战可能包括平衡、协调能力不足，或者由于运动功能缺失导致的运动轨迹和肌肉力量的偏差。根据这些生物力学数据，个性化的训练计划可以帮助优化运动员的运动表现。

（一）步态和假肢受力分析

对于截肢者，生物力学研究可以揭示其步态中的不平衡问题。假肢的设计与安装需要适应运动员的生物力学需求，以减少肌肉和关节的过度使用。通过分析运动员的步态模式，可以识别他们在行走或跑步过程中假肢的受力情况，帮助调整假肢的参数（如长度、关节活动范围）和运动姿态，以优化运动技能。

（二）平衡与协调能力的优化

在轮椅运动或其他依赖辅助设备的运动中，研究如何优化运动员的平衡和协调能力是关键。例如，在坐式滑雪中，运动员需要依赖上肢和躯干的协同运动控制滑行轨迹。通过生物力学的精细分析，可以设计更符合其生理条件的训练方法，帮助其更好地掌握运动技术，减少伤病的发生。

二、辅助器具和假肢设计的科学依据

残疾人运动中的辅助器具和假肢设计是基于生物力学研究的直接应用领域。通过精确的生物力学分析，可以为辅助器具和假肢的优化提供科学依据，帮助提升运动员的运动效率和舒适度。

（一）人体工程学设计

运动生物力学帮助研究人员了解假肢和轮椅在运动中与人体的互动，特别是力的分布、关节角度、应力集中等因素。例如，假肢的材料、重量和灵活性如何影响运动员的运动表现，通过生物力学分析可以确定最合适的设计方案，以减少佩戴者的能量消耗和不适感，增加器具的稳定性和灵活性。

（二）器具与运动员的协同作用

不仅要关注器具本身的设计，还需要研究其与运动员身体的互动。假肢或轮椅与残疾人身体接触的部位是生物力学研究的重点，通过这些接触点传递的力量直接影响运动的质量。例如，在越野滑雪中，滑雪板和坐式滑雪车的设计可以通过生物力学方法不断优化，使其更好地适应运动员的姿态和推力需求，从而提高其运动表现。

三、促进残疾人康复过程中的运动再学习

运动再学习是帮助残疾人恢复运动功能的重要环节。生物力学理论为运动再学习提供了科学依据，通过对康复运动中力学特征的详细分析，生物力学可以帮助残疾人重新学习基本运动技能。

（一）运动模式重建

残疾人由于身体部分功能受限，通常需要通过康复训练重新建立或调整运动模式。例如，截肢者需要学习如何在假肢的帮助下恢复步态，而中风患者可能需要通过康复训练重新掌握手臂的协调能力。通过生物力学模型，研究人员可以模拟正常运动中的力学特征，并以此为基准，设计适合个体康复的训练计划，帮助残疾人重建运动功能。

（二）虚拟现实与仿真技术

虚拟现实技术结合生物力学建模，已经成为促进运动再学习的有效手段之一。通过仿真环境，残疾人可以在安全的虚拟环境中进行运动，不仅能够减少受伤的风险，还能够通过实时反馈调节运动动作，逐步提高运动能力。这种方法可以加快运动再学习的过程，并提供更多数据供康复专家评估康复效果。

四、提升残疾人运动竞赛的公平性与竞技性

运动生物力学的研究不仅对个人训练和康复有帮助，还可以促进残疾人体

育竞赛的规范化和公平性。通过对残疾运动员运动特点的深度分析，生物力学研究能够为制定合理的竞赛规则和分级标准提供依据，确保不同程度残疾的运动员在公平的条件下进行竞技。

（一）分级标准制定

残疾运动员的能力差异较大，运动表现不仅受到残疾类型的影响，还与残疾程度密切相关。通过生物力学的分析，可以更精确地评估每个运动员的实际运动能力，并根据这些数据制定科学合理的分级标准，确保竞赛的公平性。例如，在轮椅篮球运动中，不同运动员的上肢力量和轮椅操控能力各异，生物力学研究能够量化这些差异，为分级提供依据。

（二）设备标准化

在残疾人体育竞赛中，使用的设备必须符合一定的标准，以确保比赛的公平性和运动员的安全。生物力学研究能够帮助制定设备的标准，如假肢的规格、轮椅的结构等，以确保这些设备在运动中提供平等的运动支持。

第四节 残疾运动员的生物力学模型构建

构建残疾运动员的生物力学模型是分析其运动表现、评估运动风险和制订个性化训练与康复计划的重要工具。由于残疾运动员的身体结构和运动方式具有显著的个体差异，他们的生物力学模型需要结合多学科知识进行定制化设计。模型的构建不仅涉及对身体解剖结构的精准测量，还需要考虑力学特性、运动环境和运动装备的复杂影响[1,2]。以下内容从解剖学数据获取与模型构建、动力学模拟与有限元分析、模型验证与应用和运动装备的个性化定制与评估方面深入探讨了这一过程。

一、解剖学数据获取与模型构建

生物力学模型的核心基础在于对运动员解剖结构的精确理解。生物医学影

---

[1] Virmavirta M, Isolehto J. Determining the location of the body's center of mass for different groups of physically active people [J]. J Biomech, 2014, 47 (8): 1909-1913.
[2] Durkin J L, Dowling J J, Andrews D M. The uncertainty of the pendulum method for the determination of the moment of inertia [J]. Med Eng Phys, 2006, 28 (8): 837-841.

像技术（如 MRI、CT 和超声波技术）为研究人员提供了高分辨率的三维解剖数据[1]。这些数据能够详细反映运动员骨骼、肌肉和关节的具体结构，为构建个性化的生物力学模型奠定了基础。

（一）高精度解剖数据的获取

残疾运动员的解剖结构存在显著个体差异，特别是在肢体缺失或损伤的情况下，身体的力学负荷和运动模式会发生根本性的变化。通过 MRI 或 CT 扫描，研究人员可以获得关于骨骼形态、肌肉组织分布和关节功能的详尽信息。这些解剖数据能够直接用于构建运动员的三维模型，使运动中的力学分析更加精确。例如，在截肢运动员中，断肢部分的软组织和骨骼残存情况直接影响假肢的设计与匹配。

（二）个性化模型的构建

基于这些解剖数据，研究者可以通过计算机建模工具（如 SolidWorks、AnyBody 或 OpenSim）构建个性化的三维生物力学模型。这些模型能够详细描述各个关节的活动范围、肌肉的发力方向及不同运动中的力学负荷。在滑雪或越野滑雪等冬残奥会项目中，运动员的膝关节、髋关节及上肢肌肉群往往承受着不同于常规运动的特殊力学负荷，因此，个性化模型的构建可以帮助分析这些关键关节的应力状态，从而优化训练方法。

二、动力学模拟与有限元分析

动力学模拟和有限元分析（FEA）是构建残疾运动员生物力学模型的重要工具，特别是在评估运动风险和优化运动装备时，FEA 能够提供深度的力学分析。通过这些技术，研究人员可以模拟残疾人在实际运动场景中的受力状态，分析不同力学因素对运动表现的影响。

（一）动力学模拟的应用

动力学模拟是基于物理学原理，结合人体的解剖模型和运动数据预测运动员在不同运动状态下的表现。对于残疾运动员，模拟不仅要考虑传统的运动参数（如地面反作用力、肌肉力量等），还需要加入残疾特性和辅助设备的影响。例如，在残疾人跑步或轮椅运动中，研究人员可以通过动力学模拟分析假

---

[1] 何晓宇, 王朝强, 周之平, 等. 三维有限元方法构建足部健康骨骼与常见疾病模型及生物力学分析 [J]. 中国组织工程研究, 2020, 24 (9): 1410-1415.

肢与地面接触时产生的力学反应，以及轮椅推行时上肢肌肉的受力情况。

（二）有限元分析在运动损伤预测中的作用

FEA 技术广泛应用于评估复杂结构在外力作用下的应力分布和变形情况[1]。在残疾运动员的研究中，FEA 能够帮助识别运动中潜在的损伤风险。研究人员可以通过输入个性化解剖模型和运动数据（如地面反作用力、肌电信号等）模拟残疾运动员在跑步、滑雪或投掷等运动中各个关节和骨骼的应力集中区域。例如，在冬季运动项目中，通过 FEA 了解运动员膝关节在不同滑雪动作下的应力状态，可以预测哪些姿态更易导致关节损伤，并据此调整运动姿势或装备设计。

（三）假肢设计中的有限元分析

通过有限元分析，还可以优化假肢的结构设计。不同类型的假肢（如跑步假肢、日常活动假肢）在运动中承担的力学负荷不同。FEA 能够帮助设计人员评估不同假肢材料（如碳纤维、钛合金等）的力学性能，从而选择最适合运动员需求的材料和结构。通过这种个性化设计，假肢能够更加精确地满足运动员的运动需求，减少运动中的能量消耗，提高运动效率。

三、模型验证与应用

模型构建完成后，必须通过实验和数据分析进行验证，以确保其准确性和应用价值。模型验证是通过实验数据与模型预测值进行对比，逐步调整模型参数，以提高其准确性和适用性。

（一）实验数据采集与模型验证

运动捕捉系统（如 Vicon 或 OptiTrack）和肌电图（EMG）等技术被广泛应用于采集运动员的实际运动数据。通过这些工具，研究人员能够记录残疾运动员的动作轨迹、关节角度变化、肌肉活动情况及地面反作用力等关键数据。这些实验数据可以验证构建的生物力学模型是否能够准确反映实际的运动情况。结合 EMG，研究者还能评估肌肉的激活模式是否与模型预测一致，进一步验证模型的合理性。

（二）个性化训练计划的优化

一旦模型得到验证，它就可以被用于设计个性化的训练计划，帮助运动员

---

[1] 韩树洋. 人体关节生物力学实验及仿真研究［D］. 北京：中国矿业大学，2014.

优化运动技能、提高运动表现。基于生物力学模型提供的运动轨迹和受力情况，教练员和康复专家可以设计更加科学的训练动作。例如，通过分析残疾运动员运动中应力集中区域，制定减少关节压力的运动策略，避免潜在的运动损伤。此外，生物力学模型还能够帮助优化运动员的体能训练方法，提高能量利用效率。例如，针对截肢运动员的步态分析，可以通过优化假肢设计和调整步幅、步频提高跑步效率。

（三）运动损伤的预防与康复应用

生物力学模型在运动损伤的预防与康复中也有广泛应用。通过模型分析运动中的危险动作和关节应力分布，制订个性化的康复训练计划，减少运动员再次受伤的风险。对于已经受伤的运动员，生物力学模型可以帮助分析运动中关节和肌肉的负荷情况，从而设计出更具针对性的康复动作，促进损伤部位的恢复。在康复过程中，虚拟仿真训练平台结合生物力学模型也能为运动员提供安全的训练环境，使其能够逐步恢复运动能力。

（四）辅助设备的优化设计

生物力学模型的另一个重要应用领域是辅助设备的优化设计。例如，在设计适用于运动员的轮椅时，模型能够模拟不同设计方案在运动中的力学表现，帮助选择更符合人体力学的结构，以提高运动员的速度、控制能力和舒适度。同样，假肢、矫形器等辅助设备的设计也可以通过生物力学模型的分析得到优化，以提供更加符合残疾运动员实际需求的设备。例如，轮椅篮球中，轮椅倾角、轮胎材质和整体重心布局都可以通过模型分析找到最佳平衡点，从而提高运动表现。

（五）仿真训练系统的开发与应用

结合生物力学模型与虚拟现实技术，仿真训练系统得以应用于残疾运动员的训练中。这种系统不仅可以模拟真实运动环境中的力学反馈，还能提供实时的运动表现数据分析。通过仿真训练系统，运动员可以在没有教练员现场指导的情况下进行自主训练，及时获取反馈数据，调整运动姿态和技术动作。这种虚拟仿真系统在高危环境条件不理想的运动项目（如滑雪或越野滑雪）中具有重要作用，可以帮助运动员在安全环境中练习技术动作，避免实际训练中的风险。

四、运动装备的个性化定制与评估

在残疾运动员的生物力学模型应用中,运动装备的个性化定制尤为重要。通过模型分析,可以评估不同类型的运动装备(如跑步假肢、滑雪支撑器具等)对运动表现的影响,并帮助设计最符合运动员需求的装备。

(一)假肢和运动鞋的设计

残疾运动员的假肢和运动鞋的设计需要结合运动中的动态负荷情况进行优化。例如,跑步假肢的设计需要考虑材料的刚度和弹性对运动员步态和冲击力吸收的影响。通过生物力学模型,评估不同材料和设计对假肢的运动性能、能量利用效率和耐用性的影响,从而提供最佳的设计方案。同样,个性化定制的运动鞋设计也可以通过模型分析脚部在运动中的压力分布和地面反作用力情况,帮助优化鞋底结构和材料,减少脚部受力不均导致的运动损伤。

(二)轮椅设备的力学优化

轮椅运动员的轮椅是他们运动表现的关键因素。通过生物力学模型的力学优化,评估轮椅不同部位的受力情况,调整轮椅的重量分布、车轮大小和材料选择,以提高运动员在运动中的速度和操控性。特别是在轮椅篮球、轮椅田径等高速运动项目中,优化轮椅的空气动力学设计和转向灵活性可以显著提升运动员的表现。

第三章

残疾运动员的项目分级与生理特征

第一节 残疾人冬季运动项目运动员分级

残疾人冬季运动项目的运动员分级体系为确保运动员之间的比赛公平性和竞争性提供了科学依据。该分级体系根据运动员的残疾类型及其对运动表现的影响程度，将运动员分配到不同的运动级别中，使具有类似残疾类型和功能能力的运动员能够在同一竞赛类别中进行竞争。我国的《残疾人冬季运动项目运动员分级》（GB/T 16931—2022）[1] 国家标准于2022年1月21日发布，并于同日实施，全面替代了1997年版的标准。此标准由中国残疾人体育运动管理中心起草，主管部门为中华人民共和国民政部，由全国残疾人康复和专用设备标准化技术委员会（SAC/TC 148）归口管理。

一、分级标准的编制与实施过程

《残疾人冬季运动项目运动员分级》国家标准的制定，旨在为视力残疾、脊髓损伤、脑瘫、截肢和其他肢体残疾的运动员提供一个科学、统一的分类依据。该标准的制定始于2021年12月29日，由国家市场监督管理总局和国家标准化管理委员会发布，项目周期为12个月。相比1997年版的标准，此次修订不仅更改了标准名称，还对结构进行了调整，增加了新的术语和定义，优化了现有分类标准，并为多个冬季运动项目引入了更详细的分级评估方法。

二、残疾人高山滑雪项目的分级标准

高山滑雪是残疾人冬季运动项目中的重要组成部分，根据运动员肢体残疾

---

[1] 中国残疾人体育运动管理中心. 残疾人冬季运动项目运动员分级：GB/T 16931—2022 [S]. 北京：中国标准出版社，2022.

的程度和功能能力的不同，分为肢体残疾站姿、肢体残疾坐姿和视力残疾三类。表3-1为高山滑雪项目的详细分类标准。

表3-1 残疾人高山滑雪项目级别

项目类别	级别
肢体残疾站姿	LW1、LW2、LW3、LW4、LW5/7-1、LW5/7-2、LW5/7-3、LW6/8-1、LW6/8-2、LW9-1、LW9-2
肢体残疾坐姿	LW10-1、LW10-2、LW11、LW12-1、LW12-2
视力残疾	B1、B2、B3

1. LW1~LW9级别（站姿）

这些级别涵盖了下肢、上肢或混合残疾类型。具体的分级标准是基于运动员的肌力评估、肢体截肢的高度及其功能障碍的严重程度。例如，LW1级的运动员需要满足双下肢肌力小于35分、双侧膝关节以上截肢或其他类似损伤等条件，同时需使用两个滑雪板、两个雪杖/助滑器。

2. LW10~LW12级别（坐姿）

这些级别适用于躯干和下肢损伤严重的运动员。运动员的分级基于躯干肌肉力量、坐位平衡能力及具体的伤残情况。例如，LW10-1级的运动员无坐位平衡能力，其上腹肌和躯干伸肌无活动，需使用坐式雪板和滑雪器。

3. B1~B3级别（视力残疾）

这些级别的运动员依据视力受损程度进行分类。B1级的运动员视力低于LogMAR 2.6，而B3级的运动员视力从LogMAR 1.4至LogMAR 1，或视野半径小于20°。

三、残疾人越野滑雪和冬季两项项目的分级标准

越野滑雪和冬季两项（越野滑雪和射击）项目的分级标准也是基于运动员的肢体残疾和功能能力进行分类。越野滑雪和冬季两项运动员的分类包括肢体残疾站姿、肢体残疾坐姿和视力残疾三大类别，每类根据特定的功能评估标准进一步细分（表3-2）。

表 3-2　残疾人越野滑雪和冬季两项项目级别

项目类别	级别
肢体残疾站姿	LW2、LW3、LW4、LW5/7、LW6、LW8、LW9
肢体残疾坐姿	LW10、LW10.5、LW11、LW11.5、LW12
视力残疾	B1、B2、B3

1. LW2~LW9 级别（站姿）

这些级别是基于运动员的下肢和上肢的功能评估、肌力水平、关节活动度，以及是否能够使用滑雪杖进行分类。例如，LW2 级的运动员为单侧下肢截肢或肌力小于 20 分，同时能够使用一个滑雪板和两个雪杖。

2. LW10~LW12 级别（坐姿）

这些级别主要针对下肢和躯干严重受损的运动员。LW10 级的运动员需具备最低的腹部和躯干伸肌肌力，且无法在没有辅助的情况下维持坐姿平衡。LW12 级别的运动员则有更高的躯干和下肢功能要求，如单侧髋关节屈曲肌力至少为 3 分，且需要在无辅助的情况下维持站立和行走。

3. B1~B3 级别（视力残疾）

分类标准与高山滑雪项目相同，根据视力的受损程度进行区分。B1 级视力严重受损，B3 级则相对轻微，视力为 LogMAR 1.4 至 LogMAR 1。

四、残疾人单板滑雪、冰球和轮椅冰壶的分级标准

单板滑雪、冰球和轮椅冰壶项目的分级同样基于运动员的肢体功能障碍及其对运动表现的影响。这些项目的分类方法和标准针对残疾人参与这些项目的具体需求进行了细化和优化（表 3-3）。

表 3-3　残疾人单板滑雪、冰球和轮椅冰壶项目级别

项目类别	级别
单板滑雪	SB-UL（上肢残疾）、SB-LL1（下肢残疾 1 级）、SB-LL2（下肢残疾 2 级）
冰球	符合最低残疾标准即可参赛
轮椅冰壶	符合最低残疾标准即可参赛

1. SB-UL、SB-LL1、SB-LL2 级别（单板滑雪）

SB-UL 级别适用于上肢残疾的运动员，例如，单侧或双侧腕关节以上截肢。SB-LL1 和 SB-LL2 适用于下肢残疾的运动员，根据残疾的程度（如截肢高度、肌力水平等）进行分类。SB-LL1 级别一般为膝关节以上截肢或双侧踝关节以上截肢，SB-LL2 则为踝关节以上截肢或类似的功能障碍。

2. 残疾人冰球和轮椅冰壶

残疾人冰球和轮椅冰壶项目对运动员的功能障碍要求较为宽松，只需满足最低的残疾标准即可参赛。例如，残疾人冰球项目的运动员可以是单侧踝关节截肢或双下肢肌力减少 10 分的运动员。轮椅冰壶的最低要求则包括双下肢的肌力总分小于 40 分，或者需要依赖轮椅进行日常活动等。

五、残疾人冬季运动项目运动员合格的损伤类别

在残疾人冬季运动项目中，运动员的分类和分级不仅基于其运动能力和生物力学特征，还与其损伤类别和类型有直接关系。不同的损伤类别会对运动员的运动能力产生不同的影响，因此，需要明确分类以确保评估的准确性和比赛的公平性。以下是残疾人冬季运动中几种主要运动项目的运动员合格的损伤类别及其导致损伤的原因描述。

在残疾人高山滑雪、越野滑雪和冬季两项项目中，运动员的损伤类别多种多样，包括肌力损伤、肢体缺失、双下肢不等长等。每一种损伤类别都有其独特的致因和表现形式，影响着运动员在赛场上的表现。表 3-4 详细列出了这些项目常见的损伤类别及其原因。

表 3-4 残疾人高山滑雪、越野滑雪和冬季两项项目运动员损伤类别

损伤类别	导致损伤的原因
肌力损伤	脊髓损伤（完全或不完全，四肢瘫或偏瘫）、肌营养不良、脊髓灰质炎和脊柱裂
肢体缺失	创伤性截肢，因骨骼疾病或神经机能障碍导致的截肢，或先天性肢体短小、缺失
双下肢不等长	发育异常和先天性或（于骨生长期）外伤致肢体发育障碍
肌张力增高	脑瘫、创伤性脑损伤和脑卒中
共济失调	脑瘫、创伤性脑损伤、脑卒中和多发性硬化症

续表

损伤类别	导致损伤的原因
手足徐动	脑瘫、创伤性脑损伤和脑卒中
被动关节活动度损伤	慢性关节疾病或创伤导致的关节弯曲和挛缩，导致被动关节活动度受限或先天及后天疾病导致的视力及视野损伤。
视力损伤	需具备以下至少一项损伤：①眼睛结构的损伤；②视神经/光学通路的损伤；③视觉皮层的损伤

对于残疾人单板滑雪和冰球项目，运动员的损伤类型与高山滑雪和越野滑雪类似，但对功能能力的要求和评估可能不同。表3-5列出了这些项目运动员常见的损伤类别及其导致原因。

表3-5 残疾人单板滑雪、残疾人冰球项目运动员损伤类别

损伤类别	导致损伤的原因
肌力损伤	脊髓损伤（完全或不完全，四肢瘫或偏瘫）、肌营养不良、脊髓灰质炎和脊柱裂
肢体缺失	创伤性截肢，因骨骼疾病或神经机能障碍导致的截肢，或先天性肢体短小、缺失
双下肢不等长	发育异常和先天性或（于骨生长期）外伤致肢体发育障碍
肌张力增高	脑瘫、创伤性脑损伤和脑卒中
共济失调	脑瘫、创伤性脑损伤、脑卒中和多发性硬化症
手足徐动	脑瘫、创伤性脑损伤和脑卒中
被动关节活动度损伤	慢性关节疾病或创伤导致的关节弯曲和挛缩，导致被动关节活动度受限

轮椅冰壶项目的运动员损伤类别主要包括肌力损伤、肢体缺失、肌张力增高、共济失调和被动关节活动度损伤等。表3-6详细列出了这些损伤类别及其原因。

表3-6 轮椅冰壶项目运动员损伤类别

损伤类别	导致损伤的原因
肌力损伤	脊髓损伤（完全或不完全，四肢瘫或偏瘫）、肌营养不良、脊髓灰质炎和脊柱裂
肢体缺失	创伤性截肢，因骨骼疾病或神经机能障碍导致的截肢，或先天性肢体短小、缺失

续表

损伤类别	导致损伤的原因
肌张力增高	脑瘫、创伤性脑损伤和脑卒中
共济失调	脑瘫、创伤性脑损伤、脑卒中和多发性硬化症
被动关节活动度损伤	慢性关节疾病或创伤导致的关节弯曲和挛缩，导致被动关节活动度受限

第二节 残疾人冬季运动项目运动员分级评估方法

残疾人冬季运动项目的运动员分级评估方法主要包括对运动员肌力、肌张力、共济失调、手足徐动、肢体长度和被动关节活动度的测试。这些评估方法能够全面量化残疾运动员的身体功能与运动能力，提供分类依据，并指导其训练和比赛。以下详细介绍了各类评估方法，并通过表格总结具体内容。

一、肢体残疾的评估方法

肢体残疾的评估方法涵盖多个方面的测试，包括肌力、肌张力、共济失调、手足徐动等。

（一）肌力测试

肌力测试主要采用徒手肌力测试方法，每个动作的肌力评分范围为 0~5 分，评估后统计总分。具体评分标准如表 3-7 所示。

表 3-7 徒手肌力评分标准

评分	等级	描述
0 分	0 级	肌肉无收缩
1 分	Ⅰ级	肌肉有收缩，但不能带动关节活动
2 分	Ⅱ级	能带动全关节运动，但不能抗肢体重力
3 分	Ⅲ级	可全关节范围抗重力，但不能抗阻力
4 分	Ⅳ级	能抗部分阻力
5 分	Ⅴ级	肌力正常，完全抗阻力

1. 残疾人高山滑雪、越野滑雪、冬季两项项目

评估上肢、下肢和躯干的肌力，总分如表3-8所示。

表3-8 残疾人高山滑雪、越野滑雪、冬季两项项目肌力评估标准

肢体部位	评估动作	动作总数	单个动作满分	肢体总分
上肢	肩关节（屈曲、伸展、外展、内收）；肘关节（屈曲、伸展）；腕关节（屈曲、伸展）	16	5	80
下肢	髋关节（屈曲、伸展、外展、内收）；膝关节（屈曲、伸展）；踝关节（背伸、跖屈）	16	5	80
躯干	躯干（伸展、屈曲、左右侧曲、左右旋转）	6	5	30

2. 残疾人单板滑雪项目

上肢和下肢的肌力评估标准如表3-9所示。

表3-9 残疾人单板滑雪项目肌力评估标准

肢体部位	评估动作	动作总数	单个动作满分	肢体总分
上肢	肩关节（屈曲、伸展、外展、内收）；肘关节（屈曲、伸展）	12	5	60
下肢	髋关节（屈曲、伸展）；膝关节（屈曲、伸展）；踝关节（背伸、跖屈）	12	5	60

3. 残疾人冰球、轮椅冰壶项目

仅检查下肢的肌力，具体标准如表3-10所示。

表3-10 残疾人冰球、轮椅冰壶项目肌力评估标准

肢体部位	评估动作	动作总数	单个动作满分	肢体总分
下肢	髋关节（屈曲、伸展、内收、外展）；膝关节（屈曲、伸展）；踝关节（跖屈、背屈）	16	5	80

注：轮椅冰壶肌力测试时，单个动作肌力0~2分视作无功能动作，记为0分。

（二）肌张力测试

肌张力测试采用阿什沃思量表（Ashworth Scale），评估肌张力的增加程

度。评分标准如表3-11所示。

表3-11 Ashworth Scale 肌张力评分标准

评分	描述
0级	肌张力不增加，被动活动患肢在整个关节活动范围内无阻力
1级	肌张力稍增加，被动活动患肢到终末端时有轻微的阻力
2级	肌张力轻度增加，被动活动患肢在大部分关节活动范围内均有阻力，但仍可以活动
3级	肌张力中度增加，被动活动患肢在整个关节活动范围内均有阻力，活动比较困难
4级	肌张力高度增加，患肢僵硬，阻力很大，被动活动十分困难

（三）共济失调测试

共济失调测试用于评估运动员是否存在运动协调障碍。评估方法包括但不限于以下两种。

1. 上肢测试

指指试验或指鼻试验，轮替动作，双手或单手快速抓握。

2. 下肢测试

急跑急停、单腿跳、交叉步行走、侧方行走、足跟—足尖走、跟膝胫试验、步态分析。

（四）手足徐动测试

手足徐动测试主要用来评估运动员是否有不自主运动的情况。测试方法包括以下四种。

1. 手指或上肢的不自主运动

即使运动员试图保持静止，也能观察到不自主的运动。

2. 脚趾或下肢的不自主运动

在静止情况下观察不自主运动。

3. 身体控制能力

运动员无法控制住摇摆的身体，确保测试过程中闭眼不会加重状况。

4. 不自主扭转姿势

四肢和（或）躯干表现出特征性的扭转姿势。

(五) 肢体长度测量

肢体长度测量主要包括上肢和下肢的长度测量，具体方法如表3-12所示。

表3-12 肢体长度测量方法

测量项目	体位描述	测量方法与描述
上肢长	坐位或立位，上肢自然下垂	测量从肩峰端到桡骨茎突或中指尖的距离
上臂长	坐位或立位，上肢自然下垂	测量从肩峰端到肱骨外上髁的距离
前臂长	坐位或立位，上肢自然下垂	测量从肱骨外上髁到桡骨茎突或尺骨鹰嘴到尺骨茎突的距离
手掌长	坐位或立位，上肢自然下垂	测量从桡骨茎突远端到掌指关节远端的距离
手指长	坐位或立位，上肢自然下垂	测量从掌指关节远端到中指尖的距离
下肢长	仰卧位，骨盆水平，下肢伸展	测量从髂前上棘到内踝下的最短距离
大腿长	仰卧位，骨盆水平，下肢伸展	测量从股骨大转子到膝关节外侧关节间隙的距离
小腿长	仰卧位，骨盆水平，下肢伸展	测量从膝关节外侧间隙到外踝的距离
足长	踝关节放置中立位	测量从足跟末端到趾末端的距离

(六) 被动关节活动度测量

被动关节活动度测量用于评估运动员的关节灵活性，评分标准如表3-13所示。

表3-13 关节活动度评分标准

评分	描述
0分	关节僵硬无运动
1分	关节有轻微的运动
2分	关节活动度为正常范围的25%
3分	关节活动度为正常范围的50%
4分	关节活动度为正常范围的75%
5分	关节活动度正常

各残疾人冬季运动项目的关节活动度测量动作包括以下几种。

1. 上肢

肩关节屈曲、后伸、外展、内收，肘关节屈伸，腕关节屈伸。

2. 下肢

髋关节屈曲、后伸，外展、内收，膝关节屈伸，踝关节背屈、跖屈。

（七）陆上躯干功能技术测试

陆上躯干功能技术测试用于评估运动员的躯干稳定性与控制能力。具体测试对象包括残疾人高山滑雪、越野滑雪和冬季两项的陆上测试。具体测试方法如表3-14所示。

表3-14　残疾人高山滑雪陆上躯干功能技术测试方法

测试内容	描述
上肢关节活动度、协调性及肌力测试	平衡板固定，上肢充分伸展，检查各方向活动范围、灵活性及肌力
腰背部伸肌测试（矢状面功能）	运动员坐于平衡板上，腰部前屈，再伸直躯干至前屈45°，保持5 s
腹肌测试（矢状面功能）	运动员双前臂交叉于胸前，向后方伸直躯干至屈曲45°
躯干旋转功能测试（矢状面、冠状面）	运动员双上肢充分外展，最大度数旋转躯干
躯干侧屈功能测试（冠状面功能）	坐位，身体尽可能向一侧倾斜，保持在最大角度3 s以上
躯干和骨盆稳定性测试	运动员双手将1 kg测试球从左侧方举起，经头顶再放下至右侧方

注：残疾人高山滑雪陆上躯干功能技术测试：共6个动作，每个动作评分范围为0～3分。

二、视力残疾的评估方法

视力残疾的评估方法主要采用LogMAR视力表和（或）Berkeley低视力表进行视力测量。评估过程中，运动员需佩戴视力矫正器，以双眼最佳矫正视力为准。

第三节　残疾类型与运动项目的适应性分析

在残疾人冬季运动项目中，残疾类型是影响运动员选择适合的运动项目和其在这些项目中表现的关键因素。适应性分析的核心在于通过多层面的科学评估,识别和理解不同类型残疾运动员在各个项目中的优势与局限,为其制定科学合理的训练方案和参赛策略。残疾类型对运动员的运动能力、姿势控制、协调性、力量和耐力等各方面都有直接的影响,而这些因素在不同的运动项目中所需的比重各不相同。因此,准确分析残疾类型与运动项目的适应性是提升残疾运动员竞技表现的基础。

一、残疾类型与运动项目的关联性

残疾类型与冬季运动项目之间的关联性分析,是根据运动项目的特性和需求,结合运动员的残疾类型及其对运动功能的影响来进行的。不同的残疾类型不仅决定了运动员在某些项目中的表现潜力,还决定了哪些训练内容需要特别关注,哪些比赛策略需要优先考虑。以下对几种常见的残疾类型与冬季运动项目的适应性做出详细分析。

(一)肢体残疾(如截肢、肢体严重功能受限)

对于肢体残疾的运动员,尤其是下肢残疾者,高山滑雪和单板滑雪项目需要较强的核心力量和上肢力量代偿下肢力量的不足。这类项目中的高速转弯和姿态控制,对平衡能力和核心稳定性提出了很高要求。因此,这类运动员通常更适合坐姿单板滑雪或坐姿高山滑雪,而不太适合站姿滑雪项目。另外,轮椅冰壶则对下肢功能的要求相对较低,主要依赖上肢力量和精确度,因此对于截肢或下肢功能严重受限的运动员更加适合。

(二)脊髓损伤与肌力损伤(如四肢瘫痪、偏瘫、肌营养不良)

脊髓损伤导致的运动功能障碍(如四肢瘫痪)及肌力损伤都会影响运动员的全身稳定性和运动协调能力。对于这类运动员来说,越野滑雪和冬季两项等需要长时间的耐力和持续性体能输出的项目可能不太合适,而在坐姿单板滑雪和坐姿高山滑雪项目中,核心稳定性和上肢力量占据更大比重,脊髓损伤运动员可以通过特定的技术训练提高适应性。因此,这些运动员往往会在坐姿滑雪项目中表现更佳。

(三)脑瘫与共济失调

脑瘫与共济失调会导致运动员的肢体协调性差,无法有效地完成精细动作控制和动态平衡任务。这种情况对像高山滑雪和站姿单板滑雪等需要快速转弯、高速滑行和复杂身体姿态调整的项目,适应性较低,而对坐姿滑雪(如坐姿高山滑雪)和轮椅冰壶等需要上下肢协调和动态平衡水平相对较低的项目，适应性更高，这些项目允许运动员更专注于局部的力量输出和稳定性控制，而不必过度担忧全身的姿势协调。

(四)视力损伤

视力损伤运动员在需要高速反应和动态判断的运动项目中面临较大挑战，例如，高山滑雪和越野滑雪。然而，视力损伤运动员可以通过训练使用其他感官(如听觉、触觉)弥补视觉上的不足，同时可以依赖伙伴或引导员辅助进行比赛。在这些条件下，视力损伤运动员在高山滑雪和越野滑雪等需要高感知能力的项目中仍然能够表现优异。相对而言，需要高度精准控制的运动(如冰球)对视力的依赖性较高，因此适应性较低。

表3-15总结了各主要残疾类型与残疾人冬季运动项目之间的适应性情况及其潜在的优劣势。

表3-15 不同残疾类型与冬季运动项目的适应性分析

残疾类型	适应性较高的运动项目	适应性较低的运动项目	潜在优势	主要限制因素
肢体残疾	轮椅冰壶、坐姿滑雪项目(单板、高山)	高山滑雪、单板滑雪(站姿)	上肢力量强大，平衡能力好	高速滑行和复杂转弯时的稳定性
脊髓损伤	坐姿单板滑雪、坐姿高山滑雪	越野滑雪、冬季两项	核心稳定性强，能依靠上肢力量代偿	下肢控制和耐力输出能力较差
脑瘫与共济失调	坐姿滑雪(单板、高山)、轮椅冰壶	高山滑雪、单板滑雪(站姿)	对上肢和核心力量要求高，姿态调整相对简单	全身协调性差，复杂动作执行困难
视力损伤	高山滑雪、越野滑雪(视力辅助下)	精准度要求高的项目(冰球)	感官替代能力强，能够通过引导员和伙伴比赛	需要快速反应和动态决策的项目适应性较低

二、残疾类型与运动项目适应性的评估方法

为了更科学地指导残疾运动员的选材和训练，必须通过系统的评估方法测量他们在特定运动项目中的表现潜力和适应性。这些评估方法应全面考虑残疾类型对运动能力的多维影响，包括肌力、耐力、协调性、心理承受能力等方面。以下是几种主要的评估方法和应用场景。

（一）体能和力量测试

体能和力量测试是评估残疾运动员在特定运动项目中适应性的重要方法。常见的测试包括徒手肌力测试、等速肌力测试、最大耐力测试等。通过这些测试，可以了解运动员的肌肉力量、耐力和控制能力，并据此判断其在高山滑雪、单板滑雪等高强度项目中的适应性。

（二）动态平衡和协调性测试

共济失调测试和手足徐动测试用于评估运动员的动态平衡能力和身体协调性。这些测试能够帮助识别运动员在快速反应和复杂动作控制方面的潜在不足，从而确定其是否适合参与需要高度协调能力的项目（如站姿滑雪）。

（三）视觉和听觉辅助设备的使用测试

对于视力残疾的运动员，需要进行视觉残疾评估，如使用 LogMAR 视力表测量视力受损程度。与此同时，还需进行辅助设备使用测试，评估其在使用视觉或听觉辅助设备（如引导员、声音信号等）时的表现，以确定其在高山滑雪和越野滑雪项目中的适应性。

（四）心理评估和技能测试

心理评估和技能测试通过模拟比赛环境测试运动员的心理承受能力、技术应用水平和决策策略等。这类评估方法能够帮助教练团队识别运动员的心理强项和弱项，为其制定个性化的心理训练和比赛策略提供依据。

这些评估方法的综合应用可以为教练员和运动员提供详细的反馈，帮助他们识别适合的运动项目和个性化的训练需求。通过精确的评估与指导，运动员可以更加有效地提升自己的竞技水平，教练团队也能够制订更具针对性的训练计划和比赛策略。

第四章

截肢残疾运动员残端惯性参数研究

第一节 残疾人惯性参数的研究进展与技术方法

随着生物力学和运动科学技术的不断进步，残疾运动员，特别是截肢运动员的惯性参数（质量分布、质心位置、惯性矩）研究已得到广泛关注（图4-1）。这些参数的精确测量与分析对于理解运动员的运动机理、优化运动表现、设计个性化辅助设备等具有重要意义[1,2]。本节重点介绍惯性参数研究中常用的技术进展、测量方法及其在截肢残疾运动员研究中的实际应用。

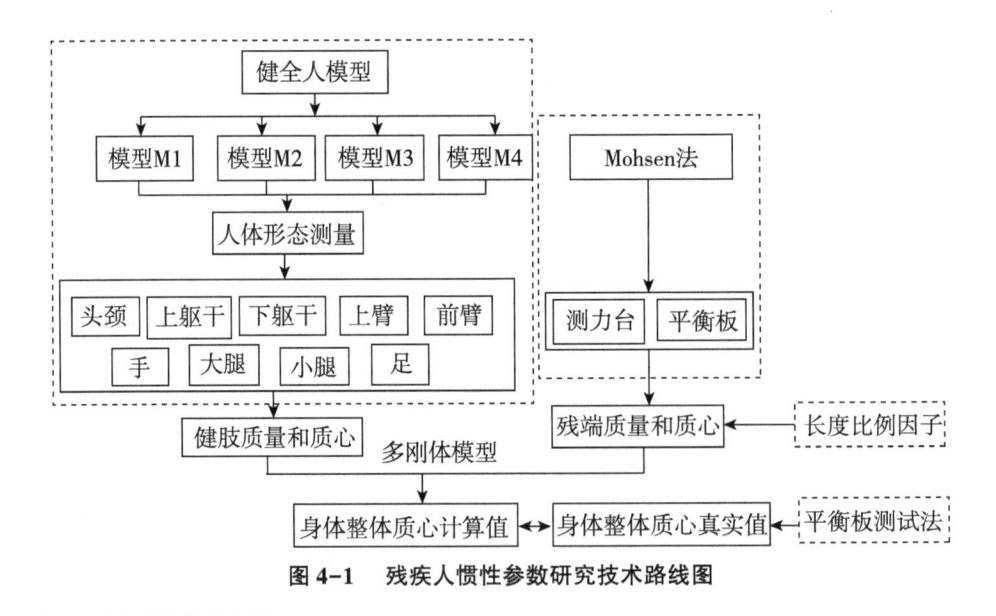

图 4-1 残疾人惯性参数研究技术路线图

---

[1] David J, Pearsall J G R. The study of human body segment parameters in biomechanics: An historical review and current status report [J]. Sports Med, 1994, 18 (2): 126-140.

[2] Dumas R, Aissaoui R, Mitton D, et al. Personalized body segment parameters from biplanar low-dose radiography [J]. IEEE Trans Biomed Eng, 2005, 52 (10): 1756-1763.

第四章 截肢残疾运动员残端惯性参数研究

一、质量分布的技术进展

质量分布对残疾运动员的平衡性和运动稳定性具有直接影响。由于截肢运动员的身体质量通常重心上移或偏向一侧，因此传统的平均人体模型难以反映个体差异。为了优化训练和设备设计，研究人员现通过三维扫描技术精确测量截肢运动员各部分的质量，以构建个性化的运动学模型。例如，双腿截肢的冬季滑雪运动员在滑行时由于质量集中于上半身，使滑行平衡性较差，运动员需通过上肢和核心肌群来维持姿态。基于详细的质量分布数据，滑雪板可被设计得更稳定，从而适应这种独特的质量重心分布。此外，测量假肢与健肢的质量差异，可以帮助滑雪教练为运动员制定特定的训练方法来增强平衡性。

二、质心位置的研究进展

质心的精准定位对运动员在动态运动中的控制和稳定性具有决定性作用，尤其对于肢体缺失的运动员而言，由于质心偏移，往往会影响其运动时的姿势和转向的稳定性。通过三维运动捕捉系统，如 Vicon 或 OptiTrack，研究人员能够实时追踪运动员在滑行、转弯等运动状态下的质心变化。以单侧截肢的轮椅冰壶运动员为例，由于质心偏向健肢一侧，在快速转弯时需要更强的上肢力量来维持平衡。通过动态质心分析和优化轮椅的设计，可以将运动员的重心重新定位至轮椅的中心轴，使其在高强度运动中更具稳定性。此外，在冬季滑雪项目中，运动员质心位置优化的研究，直接指导了滑雪板的结构调整，使滑雪板能够在低温、高速环境中更好地响应运动员的重心变化。

三、转动惯量的研究进展

转动惯量是决定残疾运动员旋转、转向和姿态稳定性的重要参数。针对冬季运动中的转向和滑行需求，研究人员通过体积建模和有限元分析（FEA）进一步提升了对转动惯量的理解。以高山滑雪中的单臂截肢运动员为例，由于惯性矩的增大，使转弯难度上升并增加了动作的不稳定性。利用碳纤维等轻质材料制造辅助设备可有效降低惯性矩，滑雪装备的设计也更贴近运动员的需求。通过对运动员的运动数据和个体化模型的输入，仿真技术能够分析假肢对运动员惯性的影响，并为设计师提供调整建议，帮助运动员在急转时保持平稳姿势。此外，通过调节假肢的质量与形状，可以使运动员在滑雪运动中的旋转更加灵活。

四、惯性参数与动态平衡的互动研究

惯性参数对于复杂运动条件下的动态平衡影响深远。随着测力台、惯性测量单元（IMU）和三维运动捕捉技术的发展，研究人员能够在真实运动场景中精确测量残疾运动员的动态平衡能力。以轮椅冰球运动为例，运动员在进行高速转向或碰撞时，质心位置和转动惯量的变化显著影响其稳定性。通过数据分析，运动员可以通过专门设计的动态平衡训练设备模拟比赛，并利用实时反馈调整运动姿态。在冬季项目如滑雪中，运动员的惯性参数变化直接影响其滑行和转向稳定性。通过这些数据，运动装备得以改进，如在滑雪板中增加灵活性调整结构，以帮助运动员在复杂地形中更有效地控制滑行姿态。

五、个性化惯性参数研究趋势

随着生物力学和成像技术的进一步发展，惯性参数研究正逐渐从一般模型向个性化方向发展[1]。特别是对于截肢残疾运动员，通过使用先进的3D扫描和DXA等技术，研究人员能够根据运动员的个体数据，构建精细化的运动模型。例如，在冬季越野滑雪训练中，利用3D扫描技术可以获取运动员残端的精确形态，并基于此设计更为贴合运动需求的假肢，使其不仅能增加滑行的平稳性，还能提高滑行速度和效率。此外，惯性参数研究在个性化训练中的应用还体现在精准的康复指导上。对于刚进行假肢更换的运动员，可以通过惯性参数测量评估恢复进度，并实时调整康复和训练计划，以降低再次受伤的风险。

第二节　截肢残疾运动员的惯性参数测量

截肢残疾运动员的惯性参数，包括质量分布、质心位置和惯性矩等，对优化其运动表现和辅助设备的设计具有重要意义。由于截肢导致身体形态和结构发生显著变化，这些参数测量面临独特的挑战。为了提升测量精度，研究者正不断探索新的方法和技术。本节将讨论惯性参数测量的重要性、截肢对惯性参数的影响、常见测量方法的适用性与局限性，以及前沿创新方法的应用。

---

[1] Hansen C, Venture G, Rezzoug N, et al. An individual and dynamic Body Segment Inertial Parameter validation method using ground reaction forces [J]. J Biomechanics, 2014, 47（7）: 1577-1581.

第四章 截肢残疾运动员残端惯性参数研究

一、惯性参数测量的重要性

惯性参数直接影响运动员的动作模式、能量消耗和运动稳定性。精确的惯性参数测量不仅可以帮助教练员和运动分析师优化训练策略，还能够指导康复过程及设备设计。

在冬季滑雪运动中，残疾运动员由于惯性参数变化，常需消耗额外能量来维持平衡。例如，单腿截肢的越野滑雪运动员，由于质心位置偏向健肢一侧，滑行时的稳定性降低。这时，详细的质心位置和惯性矩数据能够帮助教练员设定针对性的力量和平衡训练，从而减少运动员能量消耗，提高滑行效率。此外，质量分布的测量还可以为假肢或辅助设备的个性化设计提供数据支撑，使其更加符合运动员的独特需求。

二、截肢对惯性参数的影响

由于截肢残疾运动员的身体结构与健全人相比发生显著改变，其惯性参数亦随之变化，这种变化主要体现在以下三个方面。

（一）质量分布变化

截肢后，运动员身体的质量分布通常重新分配。例如，双下肢截肢的滑雪运动员，其质量重心集中在上半身，滑雪过程中，重心偏移会影响滑行的稳定性。根据运动员的质量分布调整滑雪板的结构和支撑点，可以帮助运动员更好地掌控平衡[1]。在滑雪训练中，教练员可以根据运动员的质量分布特性，专门安排上肢和核心肌群的强化训练，以弥补重心上移带来的不平衡性。

（二）质心位置偏移

截肢导致身体质心的位置发生显著偏移，进而影响运动员的平衡和运动表现[2]。例如，单侧截肢的轮椅冰壶运动员在快速转向时，质心偏移会增加另一侧上肢的负荷。这种质心偏移需要通过优化轮椅设计和制订个性化的力量训练计划来平衡。通过质心位置数据，设计师可以调整轮椅的座椅高度、背部角

---

[1] Sheffer D B, Schaer A R, Baumann J U. Stereophotogrammetric mass distribution parameter determination of the lower body segments for use in gait analysis [M]. Biostereometrics' 88 — Fifth International Meeting, 1988: 361-368.

[2] Mohsen Damavandi N F, Paul Allard A. Determination of body segment masses and centers of mass using a force plate method in individuals of different morphology [J]. Medical Engineering & Physics, 2009, 31 (9): 1187-1194.

度等，以保证运动员在快速移动时的稳定性。

（三）惯性矩的变化

惯性矩在运动员旋转和转向中起到关键作用。对于高山滑雪运动员而言，单臂截肢会导致惯性矩的变化，增加快速转弯的难度[1]。因此，选用轻质材料如碳纤维制造的滑雪杖，可以减少惯性矩对运动员转向控制的影响。教练员也可以利用惯性矩数据分析运动员的旋转能力，制订针对性的训练方案提高运动员在急转弯或快速下坡时的控制力。

三、常见惯性参数测量方法的适用性与局限性

目前，惯性参数的测量方法主要分为直接测量法、悬摆法、平衡板测试法、间接推算、几何模型模拟法和现代成像技术等，每种方法都有其特定的应用场景和局限性。

（一）直接测量法

直接测量法通过物理实验直接获取惯性参数，尽管操作较为传统，但仍具有一定的应用价值。

（二）悬摆法

悬摆法利用物体在悬挂状态下的摆动特性测量惯性参数，适用于对称性强的身体部位，但不适合形状不规则的残端。例如，对于滑雪运动中截肢残端不规则的情况，悬摆法难以准确测量其惯性矩。此外，悬摆法对实验环境的稳定性要求较高，因此更适合实验室环境，而非运动现场测量。

（三）平衡板测试法

平衡板测试法通过运动员在平衡板上的姿态变化测量质心位置，操作简单、成本低，但精度有限。对于双下肢截肢的越野滑雪运动员，平衡板测试难以捕捉其上半身不规则的质心分布。尽管该方法在简单的训练中有所应用，但对于精细的运动分析需求，它的准确度有所限制。

（四）间接推算法

间接推算法通过理论模型和统计数据进行惯性参数的计算，适用于无法直

---

[1] Dumas R, Cheze L, Verriest J P. Adjustments to McConville. and Young. body segment inertial parameters [J]. Journal of Biomechanics, 2007, 40 (3): 543-553.

接测量的场合。

（五）几何模型模拟法

几何模型模拟法通过简化身体各部分为规则几何形状计算惯性参数。对于残端形态较为规则的单臂截肢运动员，几何模型可以提供相对精确的惯性参数。然而，双下肢截肢的运动员，由于上半身形态复杂，几何模型的假设误差会显著增加，无法准确反映运动员的实际惯性特性。

（六）现代成像技术

现代成像技术如 MRI 和 CT 扫描可以精确获取身体的三维结构，为个性化的惯性参数测量提供极高精度的数据支撑。例如，MRI 可用于测量高山滑雪运动员的残端几何结构和组织密度，准确度极高，但操作费用昂贵且难以动态测量。这些成像技术适合实验室条件，但不适合滑雪或冰壶等复杂运动现场的实时测量。

四、针对截肢残疾运动员的创新研究方法

为了突破传统方法的局限性，近年来研究者开发了更精确、个性化的惯性参数测量方法，特别适用于截肢残疾运动员。

（一）穆赫辛法

穆赫辛法结合了测力台和比例因子的计算，通过静态和动态力矩变化来推算残端的惯性参数。这种方法非侵入性、无辐射，适用于需要快速评估截肢运动员惯性参数的场合。例如，对于轮椅冰壶运动员的训练评估，穆赫辛法可以在训练中提供实时数据，以帮助教练员调整训练计划。虽然该方法精度较高，但受限于实验条件控制，适合于专业训练环境中应用。

（二）基于 3D 扫描和建模的计算方法

3D 扫描技术结合个性化的建模软件，可以全面获取残端的形态数据，并根据其体积和密度计算个体化的惯性参数。例如，对于双下肢截肢的越野滑雪运动员，3D 扫描能够捕捉其上半身的复杂形态，并在虚拟环境中模拟不同设备设计对运动表现的影响。尽管 3D 扫描精度极高，但设备昂贵且需要专业操作人员，不适合小型实验室或资源有限的团队广泛应用。

第三节 截肢残疾运动员惯性参数的建模与计算方法

在生物力学研究中，对截肢残疾运动员惯性参数的精确建模和计算是优化

其运动表现和设计个性化辅具的关键步骤。惯性参数建模方法从传统的经验回归、几何近似模型到先进的动态预测模型与机器学习、混合模型与个性化建模方法，均在逐步提升其适用性和精度。本节将详细探讨这些方法的理论基础、技术手段、应用实例及其在截肢残疾运动员研究中的发展方向。

一、经验回归模型法

经验回归模型是基于大量实验数据，通过统计分析建立的惯性参数预测模型。该方法因其简便性和较好的适用性，在早期惯性参数研究中被广泛采用。

（一）基本原理

经验回归模型通过测量大量样本（如身高、体重、肢体长度等），并结合惯性参数，建立多元回归方程。以这些方程快速估算截肢运动员的惯性参数。例如，研究人员基于一般人群的数据开发出特定的回归模型，可用于预测越野滑雪运动员的惯性参数，从而为其提供初步的训练和康复数据支持。

（二）应用案例

例如郑秀瑗的回归模型，已被广泛应用于各种运动生物力学研究中[1,2]。郑秀瑗模型特别适用于中国人群的身体特征测量，而 Paolo de Leva 模型则区分了性别差异，提供了冠状面、矢状面和水平面的惯性矩计算方法。这些模型通过对大规模样本数据的统计分析，形成了可靠的经验公式，能够为一般人群提供较为准确的惯性参数估算。

（三）适用性和局限性

经验回归模型简单高效，能够快速获取惯性参数，但对于截肢运动员个体化需求的精确分析尚存局限。模型的准确性高度依赖于样本数据的多样性，并且不能反映截肢残端的复杂形态。因此，在应用于复杂运动项目（如高山滑雪）时，该方法可能需要结合其他技术手段以进一步校正和优化结果。

二、几何近似模型法

几何近似模型法通过将人体各部分简化为规则几何形状（如圆柱体、球

---

[1] 郑秀瑗. 人体环节惯性参数测试方法述评 [C]//全国运动生物力学发展趋势研讨会资料汇编. 北京：清华大学工程力学系，1986：64-73.
[2] 金季春，肖丹丹，李世明. 直接测量活体环节重量及重心位置的理论与方法探究 [J]. 体育科学，2020，40（9）：83-88.

体等）来计算惯性参数。结合成像技术（如 CT 和 MRI）获取的详细数据，几何模型可进一步提高惯性参数估算精度。

（一）基本原理

该方法通过将身体部位视为规则的几何形状，再结合其密度和体积，计算质量、质心位置和惯性矩。例如，对于越野滑雪运动员的上肢，通过将其简化为圆柱体或椭球体，并测量密度和体积数据，便可估算出其质量分布和惯性特性。这些数据能够有效支撑滑雪板和手杖的个性化设计，使其更好地匹配运动员的体态特征，从而提升其滑行效率。

（二）技术手段

MRI 与 CT 成像：成像技术能够提供截肢运动员残端的高分辨率几何数据。例如，通过 MRI 精确测量高山滑雪运动员的残端形态和密度，可获取残端组织的三维结构数据。这些精确数据可以为假肢设计提供参考，从而优化假肢的结构和重量。

（三）适用性和局限性

几何近似模型能够在个性化研究中提供较为精确的惯性参数估算，特别适用于冬季项目的个性化设备设计。然而，对于残端形状不规则的运动员，模型简化带来的误差可能较大。此外，高精度成像技术成本较高，且需要专业设备，故在实际操作中可能受限于资源条件。

三、动态预测模型与机器学习方法

随着大数据和人工智能的发展，动态预测模型和机器学习方法在惯性参数建模中被广泛应用。这种方法能够通过数据驱动，适应复杂的运动场景并进行实时分析。

（一）基本原理

通过采集大量运动数据并利用机器学习算法（如回归、神经网络等）进行训练，可以建立动态预测模型，用于精确计算和实时调整运动员的惯性参数。例如，安装在运动员滑雪装备上的惯性测量单元（IMU）可以实时采集运动员在滑行中的质心位置和惯性矩变化。这些数据被输入机器学习模型后，能够帮助教练员实时监控运动员的滑行状态，并根据滑行速度和姿态进行即时调整。

（二）数据来源

可穿戴传感器数据：通过可穿戴设备实时采集的数据，能够为机器学习模型提供动态输入。在轮椅冰壶比赛中，传感器能够记录运动员的上肢力量和质心位置变化，分析其运动状态，并通过数据反馈为运动员提供即时动作建议。

（三）适用性和局限性

机器学习模型在动态训练和康复过程中适用性较广，能实时反馈运动员的运动状态。其优点在于灵活性高，并且能够随着新的数据不断优化。其适用于复杂的冬季运动项目，如高山滑雪等需要大量运动控制的项目。然而，这种方法依赖于大量高质量数据进行训练，且对计算资源要求较高，对于资源有限的实验环境而言实施难度较大。

四、混合模型与个性化建模方法

为了进一步提升惯性参数建模的精度，研究者开发了混合模型与个性化建模方法，融合了传统和现代技术的优势，以适应运动员的个性化需求。

（一）混合模型

混合模型结合几何近似与经验回归模型的优点，通过引入多个数据源综合考虑运动员的形态特征。对截肢滑雪运动员而言，混合模型可以在几何模型的基础上加入运动测力台数据，进一步细化模型参数，使其更贴合实际运动需求。这种方法能够为运动员提供更具适应性的惯性参数数据支持，以辅助训练计划和设备设计。

（二）个性化建模

基于可穿戴设备和机器学习方法，个性化建模方法利用运动员的实时数据，建立动态个性化模型。在高山滑雪训练中，教练员可以通过监测运动员的惯性参数和运动姿态，调整滑雪设备的设定，并在实时数据反馈的支持下，帮助运动员优化运动表现。个性化建模方法的优势在于能够动态适应不同个体的生物力学特征和需求，为运动员提供个性化的训练与设备设计建议。

（三）应用前景

1. 提高训练效率与安全性

个性化模型为运动员提供精确的惯性参数，使教练员能够识别潜在的运动风险，优化训练策略。例如，在冰壶运动中，教练员可以根据个性化建模数据调整运动员的上肢发力方法，减少损伤风险。

2. 辅具和装备设计

通过混合模型和个性化建模，设计师能够在仿真环境中测试不同材料和结构的组合，从而优化运动假肢的设计，提高运动员的使用舒适性和运动表现。

3. 提升康复效果

在运动康复中，个性化模型可以根据实时数据反馈，调整康复计划的强度和内容，为运动员提供科学、有效的康复指导，从而缩短恢复时间。

第四节 截肢残疾运动员运动分析中惯性参数的应用

惯性参数在截肢残疾运动员的运动分析中具有重要作用，为训练、康复、技术优化以及辅助设备的设计提供了科学依据。通过精准测量和分析惯性参数，教练员和运动分析师可以更好地理解运动员的表现，并制订个性化的训练与康复方案。以下将详细讨论惯性参数在运动分析中的具体应用。

一、运动表现优化与技术诊断

惯性参数对截肢残疾运动员在平衡性、稳定性和能量效率等方面的表现有重要影响。在冬季运动项目中，惯性参数的精确测量能够帮助运动分析师和教练员理解运动员的运动模式和技术需求，并通过针对性训练进行优化。

（一）平衡性和不对称性分析

由于截肢运动员常表现出运动不对称性，其平衡能力也受到影响。在轮椅冰壶运动中，运动员在发力过程中需要依靠上肢力量，而惯性参数的不对称可能导致力量分布不均，从而影响技术动作的精准性。通过分析运动员上肢的质量分布和惯性矩，教练员可以帮助运动员优化发力动作，使运动过程更加平稳，有助于提升整体表现。

（二）能量效率优化

惯性参数对运动员的能量消耗也有直接影响。在越野滑雪中，合理的惯性参数分布可以帮助运动员更有效地转移力量和重心，从而节省体能。在分析运动员滑行姿态时，教练员可以依据惯性参数调整滑雪板的位置和角度，使运动员的滑行动作更加流畅，减少不必要的能量消耗，提高长时间比赛中的持续表现。

（三）实时反馈与动态调整

运动监测系统可以根据惯性参数的变化为运动员提供实时反馈。在高山滑雪训练中，教练员可以根据实时惯性数据评估运动员在快速转弯和急速下降时的动作表现，并指导运动员调整重心位置和旋转角度，从而提升速度和滑行稳定性。这种即时的反馈与调整，能够帮助运动员更快地掌握最佳技术动作。

二、个性化假肢和辅助设备设计

个性化的假肢和辅助设备在提升截肢运动员的运动表现和舒适性方面至关重要。惯性参数为设备设计提供了科学依据，通过分析运动员残端的质量、质心位置和惯性矩，可以设计出更符合运动员需求的设备。

（一）假肢设计中的惯性参数优化

假肢的质量和结构对惯性参数有直接影响。在越野滑雪中，假肢的设计需要考虑雪地环境对运动员平衡的影响。通过测量残端的质心位置和惯性矩，可以优化假肢的材料选择和重量分布，使运动员能够在滑雪时更自然地转移重心。例如，利用碳纤维材料减轻假肢重量，帮助运动员使用更灵活的步态和更高效的滑行动作。

（二）设备动态适应性

结合惯性参数的实时监测数据，未来的智能假肢和辅助设备可以实现动态适应性。在高山滑雪中，通过传感器检测滑行速度和角度变化，使假肢能够根据运动状态自动调整刚性和支撑力度，从而提供更佳的滑行体验。此类设备的智能调整功能为运动员提供了额外的支持，有助于其提升运动表现。

三、动态运动模型的建立与运动仿真

惯性参数是建立人体运动模型和进行运动仿真的基础。针对截肢残疾运动员的生物力学模型能够更好地反映其特定的运动模式，为优化训练方法和设备设计提供科学指导。

（一）定制化动态运动模型

在冬季运动项目中，运动员常面临复杂的运动环境，因而需要高度个性化的运动模型。针对越野滑雪运动员，研究人员可以结合惯性参数建立定制化的运动模型，并在仿真环境中模拟滑行动作。这种仿真可以帮助教练员分析不同动作模式的力学效果，指导运动员调整滑行姿态、减轻运动负担，提高能量利用效率。

（二）训练与康复方案优化

运动仿真技术在训练与康复中具有重要应用。通过模拟不同运动动作和设备组合的效果，研究人员可以帮助教练员找到最优的训练方法。例如，在高山滑雪训练中，可以模拟不同雪面条件和斜坡角度对运动员的影响，优化运动员运动姿态和技术动作。这种数据支持的训练方式，有助于提高运动员的技能水平，同时降低运动损伤的风险。

四、训练效果评估与运动康复

惯性参数在训练效果评估和康复方案制订中同样起到了关键作用。通过监测训练前后惯性参数的变化，可以科学评估不同训练方法的效果，并为运动康复提供数据支持。

（一）量化训练效果

对于轮椅冰壶运动员，通过对惯性参数的持续监测，可以观察其上肢力量和稳定性变化。训练结束后，教练员可以根据惯性参数的改善情况评估训练效果，并调整后续训练强度和频率。这种基于数据的评估方式能够帮助教练员更准确地了解运动员的进步情况，提高训练的科学性。

（二）运动康复中的监测

在康复过程中，惯性参数的监测可帮助康复师评估运动员的康复进展。在越野滑雪运动员的康复过程中，通过惯性参数的定期检测，可以评估运动员上肢和核心力量的恢复情况，并制订个性化康复计划。这种持续的数据监测有助于康复师及时调整康复训练强度，确保康复的科学性和安全性。

五、降低运动损伤风险

惯性参数的深入研究对降低运动损伤风险具有重要意义，尤其在高强度的冬季运动中，可以通过惯性参数分析预测并预防运动损伤。

（一）运动损伤的预测与预防

在高山滑雪等高风险项目中，惯性参数分析能够帮助识别运动员的运动受力情况和惯性变化。例如，通过分析运动员在滑行中的惯性矩，可以评估其在转弯时的稳定性，从而设计出更合理的运动姿态和保护措施。了解运动员在不同运动状态下的惯性变化，可以提前识别受伤的可能性，并通过预防性训练和调整滑行动作降低损伤风险。

（二）优化保护装备设计

通过对惯性参数的优化，设备设计师可以研发出更符合运动员需求的保护装备。例如，在越野滑雪运动中，可以根据运动员惯性参数的分布设计减震性能更好的护膝和护肘设备。这些个性化的保护装备能够减少运动过程中惯性带来的冲击，有效降低运动员受伤的风险，提高运动安全性。

第五章 残疾人越野滑雪

第一节 残疾人越野滑雪的历史、分类与发展

残疾人越野滑雪（图5-1）是一项要求运动员在雪地中依靠体能和技术完成长距离滑行的高强度竞技运动。与传统越野滑雪相比，残疾人越野滑雪因运动员的身体残疾类型不同而具有独特的技术和装备要求[1,2]。

图 5-1　残疾人越野滑雪

一、残疾人越野滑雪的起源与发展

残疾人越野滑雪的历史可以追溯到第二次世界大战之后。当时，许多因战

---

[1] 李冰，陈思，赵益墨，等. 冬奥会视域下我国残疾人越野滑雪运动发展对策[J]. 冰雪运动，2020，42（3）：28-31.
[2] Gastaldi L, Pastorelli S, Frassinelli S. A biomechanical approach to paralympic cross-country sit-ski racing [J]. Clin J Sport Med. 2012, 22 (1): 58-64.

争而受伤的士兵需要一种康复方法来恢复体能和心理健康。滑雪在北欧地区因其良好的心肺功能锻炼效果和相对简单的入门条件，被广泛应用于康复训练。1940年代末至1950年初，滑雪逐渐成为一种重要的康复运动，特别适合那些下肢受伤的士兵和残疾人。运动员们坐在特制的滑雪椅上，依靠上肢力量操控滑雪杖完成滑雪动作，这一模式为日后残疾人越野滑雪正式比赛奠定了基础。

20世纪50年代，随着滑雪技术和器材的进步，残疾人越野滑雪逐渐从个体康复演变为有组织的竞技运动。1967年，美国的吉姆·温特斯创立了国家截肢滑雪者协会，开始为截肢运动员提供统一的技术指导和支持。随着更多国家和地区加入，这一运动在全球范围内迅速普及，形成了系统的赛事体系和技术要求。1976年，残疾人越野滑雪在瑞典恩舍尔兹维克的首届冬季残奥会上被列为正式比赛项目，标志着其进入竞技体育的正式轨道。此后，残疾人越野滑雪迅速发展，比赛形式和参与国家不断增加，成为冬季残奥会的重要项目之一。

残疾人越野滑雪项目不断发展和完善，逐渐形成了多个比赛分项和不同距离的比赛项目，这不仅增加了比赛的观赏性和参与性，也推动了该项目的技术进步和装备优化。各国开始投入更多资源进行专项的科研和技术开发，为运动员提供更合适的训练和比赛装备，使残疾人越野滑雪逐步形成了独特的技术体系和训练方法，使运动员能够在高强度的竞技环境中充分发挥自己的潜能。

二、残疾人越野滑雪的分级标准与损伤类别

（一）分级标准

随着残疾人越野滑雪运动的发展，对运动员残疾类别的划分和分级标准也在不断演进和完善，以确保比赛的公平性和竞争性。国际残奥委员会根据运动员的残疾类型和功能能力，将残疾人越野滑雪运动员分为三大类别：肢体残疾站姿滑雪、肢体残疾坐姿滑雪和视力残疾滑雪。根据运动员的具体残疾状况又进一步细分为多个等级，目的是更好地体现每位运动员的真实能力水平，并在比赛中提供一个公平的竞技环境。

1. 肢体残疾站姿滑雪（LW2、LW3、LW4、LW5/7、LW6、LW8、LW9）

这一类运动员在下肢功能部分受限或单肢残疾的情况下进行站姿滑雪比赛。根据运动员的具体残疾类型（如单肢或双肢的功能性障碍或截肢）以及功能水平的不同，分为多个等级（如LW2、LW3等）。这些分级评定的标准包括运动员的平衡能力、力量输出以及滑雪过程中对滑雪装备的控制能力。如

LW2 类的运动员可能在单腿滑行时有较好的平衡能力，但在高速滑行或复杂地形上可能需要更多的技术支持。

2. 肢体残疾坐姿滑雪（LW10、LW10.5、LW11、LW11.5、LW12）

这一类运动员主要为下肢功能完全丧失或严重受限的运动员，他们需要使用特制的滑雪椅进行比赛。不同等级（如LW10、LW11等）是根据运动员的上肢力量、核心力量以及滑雪过程中对坐姿滑雪设备的掌控能力评估的。该分类的目标是确保每位运动员都能在自己能力范围内公平竞争。例如，LW10 类的运动员可能有更好的上肢力量控制，但在转弯和变速滑行中可能面临更大的挑战。

3. 视力残疾滑雪（B1、B2、B3）

视力残疾类别主要根据运动员的视力受损程度进行分级，B1 级为全盲或几乎全盲，B2 级和 B3 级为部分视力受损。为了确保比赛的公平性，视力残疾运动员需与一名导滑员共同完成比赛，导滑员通过语音指令引导运动员滑行。导滑员和运动员之间的默契配合和协同作战能力在该类别比赛中至关重要。B1 类运动员完全依赖导滑员的指引，而 B2 和 B3 类的运动员则能够部分利用残存的视力信息来进行滑行。

（二）损伤类别

在残疾人越野滑雪的分级过程中，损伤类别是决定运动员所属等级的重要因素。不同的损伤类别和程度直接影响运动员的运动能力和滑雪技术表现，因此成为分级评定的重要依据。表 5-1 是各类损伤及其原因的分类，这些分类是分级标准的重要参考。

表 5-1　残疾人越野滑雪项目运动员损伤类别

损伤类别	损伤原因
肌力损伤	脊髓损伤（完全或不完全，四肢瘫或偏瘫），肌营养不良，脊髓灰质炎和脊柱裂
肢体缺失	创伤性截肢，骨骼疾病或神经机能障碍导致的截肢，或先天性肢体短小或缺失
双下肢不等长	发育异常，先天性或（于骨生长期）外伤致肢体发育障碍
肌张力增高	脑瘫，创伤性脑损伤和脑卒中
共济失调	脑瘫，创伤性脑损伤，脑卒中和多发性硬化症
手足徐动	脑瘫，创伤性脑损伤和脑卒中

续表

损伤类别	损伤原因
被动关节活动度损伤	慢性关节疾病或创伤导致的关节弯曲和挛缩,导致被动关节活动度受限
视力损伤	创伤或先天及后天疾病导致的视力及视野损伤需具备以下至少一项损伤:①眼睛结构的损伤;②视神经/光学通路的损伤;③视觉皮层的损伤

三、技术创新与装备演进

残疾人越野滑雪的技术发展与装备演进密不可分。由于运动员的身体状况和需求各不相同,技术创新和装备改进的目标是最大限度地提高运动员的滑行效率、稳定性和舒适度。装备的优化设计和材料的创新应用使残疾人越野滑雪在速度、操控性和安全性方面取得了显著进步。

坐姿滑雪装备的发展是装备创新的一个显著例子。现代坐姿滑雪装备通常使用碳纤维、钛合金等轻质高强度材料,这些材料能够有效降低装备重量,同时提供足够的强度和稳定性。滑雪椅的设计经历了多次改进,当前已具备可调节高度的座位、支撑系统和束缚装置,可以根据不同运动员的体型和残疾类型进行定制化调整。此外,滑雪椅的底部装配了优化的滑雪橇和支撑滑板,能够提供良好的滑行效果和灵活的转向能力,使运动员能够更加自如地在雪地中操控。

滑雪杖的改进同样重要,特别是对于主要依靠上肢力量进行滑行的运动员来说,滑雪杖的长度、材质和握把设计直接影响滑行的效果。现代滑雪杖广泛使用铝合金、碳纤维等轻质材料,并设计了符合人体工学的握把和腕带,以提高稳定性和推动效率。某些高性能滑雪杖还配备了可调节的末端,可以根据雪地条件进行调整,从而提高滑雪效率和安全性。

滑雪板的创新则集中在材料和底部打蜡技术上。滑雪板的材质逐渐从传统的木材和玻璃纤维复合材料发展为碳纤维增强树脂材料,具有更高的强度和更好的滑行性能。滑雪板底部的打蜡技术也经历了从简单的石蜡到复杂的氟化石蜡及其复合材料的发展,可以根据雪质和温度条件选择不同的打蜡技术以优化滑行阻力,显著提高运动员的滑行速度和操控性。

科技的发展促使装备设计从通用型向个性化发展。智能滑雪设备配备传感器,可以实时记录运动员的运动数据,包括力矩、速度和姿态等,为训练和比赛提供数据支持(图5-2)。根据这些数据,教练员和运动员可以更精确地制订训练计划和调整比赛策略。

图 5-2 残疾人越野滑雪设备

四、残疾人越野滑雪的分类与技术特点

根据运动员的残疾类型和功能需求，残疾人越野滑雪大致可以分为三类：坐姿滑雪、站姿滑雪和视障滑雪。

（一）坐姿滑雪

适用于下肢功能完全或部分丧失的运动员。运动员坐在特制的滑雪椅上，利用上肢力量操控滑雪杖推动前进。由于坐姿滑雪的滑行动力主要依赖上肢力量，因此，如何提高上肢的爆发力和耐力，如何优化滑雪杖的使用节奏和频率，成为训练和比赛的关键。运动员需要通过大量的力量训练和技术优化，增强上肢的推进效果，同时保持滑雪椅的稳定性和对方向的控制[1]。

（二）站姿滑雪

适用于单肢残疾或上肢残疾的运动员。这类运动员依赖健康一侧肢体完成滑行，保持身体平衡和力量传递的效率成为技术核心。站姿滑雪的运动员需要在滑行过程中进行高效的体重转移，并利用健全肢体进行爆发性滑行。如何在不平衡的状态下保持稳定、如何通过合理的动作分解和节奏把握提升滑行效率，是该类运动员训练的重要内容[2]。

---

[1] 贾俞红. 我国优秀残疾人坐姿越野滑雪运动员冬训体能训练方案设计及效果研究 [D]. 北京：首都体育学院，2022.
[2] 王坤. 我国优秀站姿越野滑雪运动员身体运动功能训练手段及其效果研究 [D]. 北京：首都体育学院，2020.

(三) 视障滑雪

这类滑雪比赛需要导滑员与视障运动员组成团队共同完成，导滑员通过声音指引帮助运动员完成滑行，视障滑雪运动员依赖导滑员的指示进行转弯、加速或减速，因此，两者之间的默契配合和沟通是比赛成败的关键。导滑员需要通过清晰的指令和精准的导航策略指导运动员，而视障运动员则需具备对声音信号的快速响应能力和良好的滑雪基本功。

第二节 越野滑雪运动员的生理特征与技术需求

残疾人越野滑雪是一项高度依赖耐力、力量和协调性的冬季运动项目，运动员需要在复杂多变的雪地环境中长时间滑行，并在不同的地形、坡度和速度下切换多种滑行技术。残疾人越野滑雪运动员由于身体功能受限，在生理特征和技术需求上与健全人显著不同。残疾运动员在进行滑行技术训练时，不仅需要提高自身的有氧和无氧能力，还需要在上下肢力量、核心力量以及耐力上进行针对性的增强，以适应不同的身体状况和比赛要求[1,2]。

一、残疾人越野滑雪运动员的生理特征

残疾人越野滑雪是一项以耐力为主导的运动，运动员需要在长时间的持续运动中克服体能和技术上的挑战。根据不同的残疾类型，残疾人越野滑雪运动员的生理特征表现出较大的多样性，主要体现在以下几个方面：

（一）有氧代谢能力

在残疾人越野滑雪比赛中，有氧代谢能力是影响运动成绩的关键因素。尽管残疾运动员的最大摄氧量可能由于身体功能受限而低于健全运动员，但其仍需具备较高的有氧能力以维持滑行速度和耐力水平。研究表明，残疾运动员的最大摄氧量与其滑行表现和耐力水平呈显著正相关关系[3]。乳酸阈同样是一个重要指标，它反映了运动员在高强度运动中维持有氧代谢的能力。较高的乳酸阈意味着运动员可以在更高强度下持续滑行而不产生过度疲劳，这是提高比

---

[1] 龚碧云. 我国残疾人越野滑雪速度耐力训练方法研究 [D]. 太原：中北大学，2021.
[2] 陈子涵. 赛前高原训练对我国残疾人越野滑雪运动员机能状态和运动表现的影响研究 [D]. 北京：首都体育学院，2023.
[3] Bjorklund G, Stöggl T, Holmberg H C. Biomechanically influenced differences in O_2 extraction in diagonal skiing: arm versus leg [J]. Med Sci Sports Exerc, 2010, 42 (10): 1899-1908.

赛表现的关键。

（二）无氧代谢能力

尽管残疾人越野滑雪运动员主要依赖有氧代谢，但在短距离比赛以及起跑和冲刺阶段，无氧代谢系统的能力同样关键。无氧代谢能力强的残疾运动员能够在比赛的关键时刻输出高爆发力和速度，特别是在坐姿滑雪或单肢滑雪中，这一点显得尤为重要。测试中发现，优秀残疾人越野滑雪运动员的无氧能力（如最大功率和平均功率）与其短距离比赛表现密切相关。

（三）力量和肌肉耐力

残疾人越野滑雪对上肢、下肢和核心肌肉力量有着较高的要求，尤其是在坡度较大的上坡段，运动员需要依靠强大的上肢和核心力量维持滑行速度；在下坡和平地阶段，良好的下肢力量和耐力则是保证高速滑行和技术切换的基础。坐姿滑雪运动员尤其需要依靠上肢力量和核心肌肉耐力进行滑行。运动员通常通过力量训练和专项滑行训练提高这些能力，以适应不同的身体功能需求。

（四）运动经济性

运动经济性是指在特定滑行速度下所消耗的能量越少，运动员的运动经济性越高。对于残疾人越野滑雪运动员而言，运动经济性受到其技术动作、身体成分（如肌肉质量和脂肪比例）以及生物力学特征的影响。提高运动经济性可以帮助运动员在比赛中以更少的能量消耗维持更长时间的高强度滑行，这对于不同残疾类型的运动员来说尤为重要，因为他们的体力消耗和能量储备往往较为有限。

二、残疾人越野滑雪技术的基本需求与生理适应

在残疾人越野滑雪中，运动员需要不断适应不同的雪地环境和赛道变化，这对他们的生理功能和技术能力提出了独特的要求。残疾人越野滑雪技术主要包括自由技术和传统技术两大类，每种技术对运动员的体能和协调能力有不同的需求。

（一）自由技术的需求

自由技术主要包括抛镐技术、一步一撑和两步一撑。这些技术需要运动员具备良好的上下肢协调能力和力量耐力，尤其是在坡度较大的上坡段，坐姿滑

雪运动员的上肢力量和核心肌肉稳定性尤为关键。上肢力量的不足会直接影响自由技术的速度和稳定性。此外，自由技术要求运动员能够快速调整步频和步幅，以应对不同地形。因此，在训练中加强力量、速度和敏捷性的综合发展尤为重要。

科技手段在这方面的应用主要包括智能滑雪模拟器、动态平衡训练设备和实时反馈系统，可以模拟不同地形和雪况下的滑行动作，帮助残疾运动员在训练中更好地掌握技术要领。

（二）传统技术的需求

传统技术包括交替步和同推技术。对于残疾人越野滑雪运动员，传统技术的关键在于下肢和上肢的协同发力和稳定性。站姿滑雪运动员在滑行速度较快的情况下，需要更高的核心控制和身体平衡能力，尤其是在上肢和下肢力量不对称的情况下，更需要注重平衡和力量的协调。在下坡段使用同推技术时，坐姿滑雪运动员需要依靠强大的上肢力量提供推进力。因此，传统技术的训练通常更加注重上肢和下肢的协同发力以及力量输出的稳定性。

生物力学分析和智能穿戴设备在传统技术的训练中起到重要作用，可以帮助运动员监测和优化其动作的力学分布和发力顺序，提升运动表现。

（三）生理适应的关键点

在残疾人越野滑雪的各种技术中，运动员需要不断适应不同的肌肉负荷、能量代谢需求以及心肺耐力要求。无论是自由技术还是传统技术，残疾运动员都需要在短时间内迅速切换技术动作，这不仅考验了运动员的力量和速度，也对其耐力和爆发力提出了较高要求。因此，训练中需结合多种生理特征，以确保运动员能够在多种复杂环境下有最佳表现。

科技辅助的生理监测手段（如心率监测器、呼吸分析仪等）可以实时追踪运动员的生理状态，帮助教练员和运动员调整训练计划和恢复策略。

三、残疾人越野滑雪运动员的体能与技术整合训练

为了提升残疾人越野滑雪运动员的竞技表现，体能与技术的整合训练至关重要。训练方案应根据运动员的坐姿、站姿和视障滑雪特点，重点围绕力量、耐力、平衡和协调性开展。

（一）上肢与核心力量的综合训练

不同类别的运动员在体能训练中分别侧重于增强上肢、下肢和核心力量。

坐姿滑雪主要依靠上肢力量和耐力，通过抗阻训练（如哑铃和拉力器械）提升肩部、肘部和核心肌群的爆发力，并结合核心稳定性训练（如瑞士球和平衡板）确保滑行中对姿势的控制。站姿滑雪侧重下肢力量和核心稳定性，通过单腿支撑练习和深蹲等动作，增强下肢力量和平衡控制力，帮助运动员在滑行中维持平衡。视障滑雪需要全身协调性，运动员通过抗阻力训练和动态核心训练，提升快速发力和平衡能力，以更好地响应导滑员的指令。

（二）耐力与有氧训练的结合

耐力是越野滑雪的基础，特别是在长时间滑行和复杂地形中维持高强度运动的能力。长距离有氧训练可使用划船机、手推轮椅和室内骑行等设备，增强心肺耐力，支撑长时间滑行。短时间的高强度训练［如高强度间歇训练（HIIT）］则能提升运动员的无氧代谢能力，确保在短距离冲刺或坡道加速中具备爆发力。

（三）技术与协调性的专项训练

各类滑雪技术特点不同，专项训练需涵盖滑行姿态、节奏控制、重心转移和反应能力等内容。坐姿滑雪专注于滑雪杖的节奏控制和推进力，通过视频反馈和滑雪模拟器帮助运动员优化滑行动作。站姿滑雪侧重重心转移和步幅的协调性，通过模拟雪道障碍滑行，改善动作的连贯性和稳定性。视障滑雪则通过模拟赛道场景、语音提示和反应训练，增强运动员的听觉敏感度和反应速度，提升与导滑员的默契度。

（四）平衡与运动经济性训练

越野滑雪中的平衡性对滑行效率和动作连贯性有着重要影响。动态平衡训练通过平衡垫、波速球等器材提升滑行中的平衡控制力，帮助坐姿滑雪运动员强化核心动态平衡，帮助站姿滑雪运动员改善单腿支撑平衡。运动经济性训练利用智能穿戴设备实时反馈能量消耗，优化运动员滑行时的能量分配和节奏，提升滑行效率并在比赛中节省体力。

第三节 残疾人越野滑雪关键技术研究与生物力学分析

越野滑雪是一项全身参与、能量消耗高且对技术要求极高的运动项目。通过对各种滑雪技术动作的研究与生物力学分析，可以深入了解如何优化运动员的表现。对于残疾人越野滑雪来说，这些技术与优化策略需要根据不同的残疾类型和个体特征进行调整，以提高比赛表现。

一、动作技术分析

越野滑雪的动作技术分析包括几种常见的滑行技术，每种技术在不同地形和比赛条件下适用不同的策略。分析这些技术动作的生物力学特征，有助于制定针对性的训练和优化策略。以下将对几种主要滑行技术的运动学和动力学特征进行详细分析，并讨论肌电学数据如何为优化训练提供指导。

（一）双推技术

双推技术（Double Poling, DP）主要依赖上肢力量，尤其是肩部和肘部的推力，是平坦和下坡地形中常用的滑行方式。在残疾人越野滑雪中，尤其是对于坐姿滑雪（适用于下肢残疾的运动员）而言，双推技术尤为重要[1]。运动生物力学研究中，双推技术的关键在于上肢和核心的协调发力，以及推杆的角度控制和发力节奏的掌握[2]。

生物力学分析表明，双推技术的有效性取决于肩部和肘部肌肉的力量输出以及身体重心的稳定性[3]。使用等速肌力测试系统（如ISOMED2000）对肩部和肘部肌肉进行测试显示，肩部伸肌的等速力量与DP性能显著相关，这意味着肩部力量和控制推杆的协调性是影响双推滑行速度和效率的主要因素。提高DP技术的训练策略应包括加强肩部和肘部肌肉的力量训练，以及通过重复练习提高推杆的精确度和协调性。

此外，肌电分析显示，双推过程中三角肌、胸大肌和肱三头肌的肌肉活动在发力阶段表现出高强度的同步激活[4]。这种多肌群的协调发力要求运动员在高频次的推杆动作中保持肌肉的稳定性和疲劳耐受能力。针对这一点，训练中可以结合高强度间歇训练（HIIT）和抗阻力训练，强化上肢肌群的耐力和协调性，以提高推杆的力量输出和持续能力。

---

[1] Lund Ohlsson M, Laaksonen M S. Sitting position affects performance in cross-country sit-skiing [J]. Eur J Appl Physiol, 2017, 117 (6): 1095-1106.

[2] Lindinger S J, Stöggl T, Müller E, et al. Control of speed during the double poling technique performed by elite cross-country skiers [J]. Med Sci Sports Exerc, 2009, 41 (1): 210-220.

[3] Lindinger S J, Holmberg H C, Müller E, et al. Changes in upper body muscle activity with increasing double poling velocities in elite cross-country skiing [J]. Eur J Appl Physiol, 2009, 106 (3): 353-363.

[4] Lund Ohlsson M, Danvind J, Holmberg L J. Shoulder and Lower Back Joint Reaction Forces in Seated Double Poling [J]. J Appl Biomech, 2018, 1-27.

（二）单推技术

单推技术（Single Poling, SP）是另一种常见的滑雪技术，尤其适合狭窄路径和频繁转向的地形。相较于双推技术，单推技术更依赖核心肌群的稳定性和下肢的力量输出。对于残疾人越野滑雪运动员，特别是那些核心力量较弱或下肢功能不全的运动员，单推技术需要更高的协调性和核心控制能力。

运动生物力学分析中，单推技术的核心在于肩部和上肢的单侧发力以及核心的动态稳定性。运动员需要在推杆过程中通过核心肌群的协调发力维持身体的平衡和控制滑行方向，尤其是在复杂地形中，核心肌群的力量输出和稳定性至关重要。训练中应着重于核心稳定性练习（如侧板支撑、旋转核心练习）以及单侧上肢力量的增强（如单臂划船、单臂推举），以提高运动员在单推技术中的表现。

肌电学分析显示，单推过程中，核心肌群（如腹直肌、斜方肌）和肩部肌群（如前锯肌）的发力顺序和协调性对滑行效率有显著影响。高效的单推技术要求这些肌肉在不同的发力阶段保持精确的同步和力量输出，以避免产生过度疲劳或不协调导致能量损失和速度降低。针对这些特点的训练策略包括多种角度和力量水平的核心强化练习和单臂力量训练。

（三）双腿滑行技术

双腿滑行技术（Diagonal Stride, DS）是一种经典的越野滑雪技术，主要用于上坡地形，要求上下肢交替运动。在残疾人越野滑雪中，尤其对于下肢健全的运动员来说，DS技术的效率取决于下肢力量和全身的协调性。运动生物力学分析中，双腿滑行的关键在于步幅的大小、重心的调整以及上下肢的协调发力。

对于下肢存在功能限制的运动员，技术动作需要进行相应的调整，以减小下肢负荷，提高上肢和核心的参与度。研究表明，在DS技术中，腿部的推蹬力量和手臂的拉力必须协调同步，以实现最佳的推滑效果。腿部的每一步推蹬都伴随着重心的调整和转移，需要通过核心肌群的力量输出稳定上半身并避免身体晃动。提高DS技术的训练包括全身协调性训练（如步态分析练习、动态平衡训练）以及针对腿部肌群的爆发力和耐力训练（如深蹲、弓步跳跃）。

肌电分析结果显示，双腿滑行技术中，下肢大肌群（如股四头肌、腘绳肌）和核心肌群的同步激活对于运动员保持上坡动力的持久性至关重要。有效的技术表现依赖于这些肌群的协调发力和耐力水平。训练中可以结合下肢爆发力训练和核心耐力训练，优化肌肉的发力模式，提高运动员的上坡滑行效率。

(四) 无滑行技术

无滑行技术（Skating Technique）是一种现代越野滑雪技术，应用广泛，适用于平缓和较平滑的地形。其技术动作多样，包括 V1、V2 交替等，每一种变体都有其特定的应用场景和滑行频率要求。在残疾运动员的比赛中，无滑行技术的有效性可能会因上肢和下肢的不同情况而变化。

运动生物力学分析中，无滑行技术的关键在于两腿之间的推蹬力与滑行方向的角度控制。运动员需要通过腿部的快速交替推蹬和上肢的协调摆动产生滑行动力，同时保持身体的稳定性[1]。对于上肢和下肢功能存在差异的运动员，无滑行技术的重点在于如何最大化利用上肢或下肢的残存功能来补偿其动作的缺陷。

研究表明，无滑行技术中的 V1 和 V2 变体对上肢和核心的协同发力要求更高，特别是在转换滑行方向和加速阶段，运动员必须保持上肢与下肢的同步和力量均衡。肌电学数据分析表明，肩部肌群（如三角肌和背阔肌）与腿部肌群（如股直肌和内收肌群）在推滑阶段的激活和协调性是影响滑行速度和稳定性的关键。为优化这些技术，训练应包括多维度的平衡控制练习、上下肢协调性训练，以及不同节奏和力量要求的无滑行技术模拟练习。

二、动作优化策略

越野滑雪技术的优化离不开运动生物力学的指导，通过精确分析不同技术动作的运动学和动力学特征，可以为残疾运动员提供更加个性化、科学化的训练方案。这些策略应根据残疾类型和运动员的个体特点进行调整，确保运动员能高效、稳定地应对各种雪上环境的挑战[2]。

(一) 综合力量训练

运动生物力学研究表明，不同滑雪技术对上肢、下肢及核心力量的需求各异，对残疾运动员而言，力量训练需根据残疾部位的情况进行调整：

1. 上肢力量

双推技术（DP）和单推技术（SP）依赖肩部和肘部的力量输出。对于上

---

[1] Laura Gastaldi P, Stefano Pastorelli PhD, Stefano Frassinelli MD. A Biomechanical Approach to Paralympic Cross-Country Sit-Ski Racing [J]. Clin J Sport Med, 2012, 22 (1): 58.

[2] Stöggl T, Müller E, Ainegren M, et al. General strength and kinetics: fundamental to sprinting faster in cross-country skiing? [J]. Scand J Med Sci Sports, 2011, 21 (6): 791-803.

肢力量不足的运动员，可通过力量循环训练和阻力带练习增强肩部和肘部的稳定性与爆发力。

2. 下肢力量

双腿滑行技术（DS）和无滑行技术（Skating Technique）对腿部力量要求高。残疾运动员在练习时可侧重核心肌肉和上肢的代偿力量，以确保下肢不便时能用上肢提供足够的支撑力。

（二）平衡与协调性训练

运动生物力学研究显示，滑雪中的平衡和协调性直接影响滑行速度和稳定性。不同残疾类型的运动员在这方面需要进行针对性的训练：

1. 动态平衡

使用平衡板等设备强化运动员在滑行中的重心调整能力。对于单腿滑行或坐姿滑行的运动员，核心肌群的力量和平衡能力尤为重要。

2. 神经肌肉协调

结合灵敏性训练，提升神经肌肉的反应速度和控制精度。对于上肢功能受限的运动员，训练可以更加集中在快速响应和手眼协调上，以提升控制滑行设备的能力。

3. 单侧与双侧协调

尤其是对上肢代偿性滑行的运动员，通过双臂协调训练增强推杆动作的同步性，使双推技术更加流畅稳定。

（三）技术精细化与个性化

应用运动生物力学分析不同滑雪技术的动作节奏和发力要点，可以帮助优化技术动作的执行，并实现个性化的训练：

1. 技术精细化

通过视频捕捉技术分析滑雪动作细节，调整推杆角度和节奏。对于核心力量不足的运动员，可以调整滑行频率以减少体能消耗。

2. 个性化训练

根据不同残疾类型设计特定的技术训练方案，如上肢功能较强的运动员可以重点提升双推技术的稳定性，而下肢功能受限者则通过核心和上肢力量训练优化滑行姿态。

3. 变异性适应

在不同雪况条件下模拟多样的滑行技术，以增强运动员的环境适应能力。以生物力学分析帮助运动员适应不同雪质的力反馈特性，在多变的雪况中实现更佳的滑行表现。

（四）快速反应与速度耐力训练

基于运动生物力学的分析，越野滑雪运动员的高效滑行需要良好的速度耐力和反应能力，不同类型的残疾运动员在这方面的训练策略应有所侧重：

1. 速度耐力

使用 HIIT 和有氧训练提升心肺功能。对于坐姿运动员，结合划船器和滑雪模拟器训练，可以模拟上肢力量的长时间输出，提高耐力和持续滑行能力。

2. 快速反应

利用反应训练设备（如反应灯）训练神经肌肉的响应速度，帮助运动员在复杂雪道上快速作出决策。针对下肢功能受限的运动员，加强手眼协调反应练习，以更好地掌控滑雪设备从而应对雪上突发情况。

第四节　越野滑雪运动损伤与防护策略

越野滑雪是一项高强度冬季运动，要求运动员具备卓越的身体素质和技能。尽管与高山滑雪和残奥冰球相比，越野滑雪的受伤比例相对较低，但竞技水平和比赛强度的提升使损伤风险逐渐升高，特别是对残疾运动员而言，因身体条件的差异，更需关注其损伤特征和预防策略[1,2]。

一、越野滑雪运动损伤的特征与类型

（一）损伤发生率与趋势

越野滑雪和冬季两项都属于北欧滑雪项目，受伤比例相对较低，但近年来损伤率却呈上升趋势。从 2002 年冬残奥会至 2018 年冬残奥会的统计数据可以

---

[1] 刘美含, 吴雪萍, 丁海勇, 等. 冬残奥运动项目损伤特征、风险因素及预防措施 [J]. 武汉体育学院学报, 2021, 55 (2): 93-100.
[2] 李楠, 梁志强. 残疾人冬季项目伤病的特点及运动学因素 [J]. 浙江体育科学, 2021, 43 (6): 93-100.

看出，北欧滑雪的受伤比例逐渐增加：2002年为2.2%，2006年为4.0%，2010年上升到18.6%，2014年为10.1%，2018年则为15.1%。2010年冬残奥会的损伤率出现增加，140名运动员中共有26人受伤。这些数据表明，尽管北欧滑雪的整体受伤率相对较低，但其损伤风险不容忽视。

（二）常见的损伤类型

在北欧滑雪项目中，上肢损伤最为多发。在2002年冬残奥会上，134名运动员中共有3人受伤，且均为上肢受伤，其中创伤性损伤占1例，过度使用损伤占2例，有1例损伤发生在训练过程中。2010年冬残奥会的统计数据进一步显示，46.2%的损伤为急性损伤，其中包括一些严重的损伤，如脑震荡、气胸和骨折等。同年健全人冬奥会的北欧滑雪项目的受伤比例仅为2.6%。

（三）具体的损伤部位与机制

在北欧滑雪项目中，肩膀是最容易受伤的部位，其中视力障碍运动员的损伤发生率（2例/100场比赛）比站姿运动员（1.3例/100场比赛）高。此外，腰部、膝盖和腿等部位也是高频受伤区域，多数为渐进性损伤，过度训练被认为是主要的损伤成因。这些损伤特征符合北欧滑雪的项目特征，相较于高山滑雪、单板滑雪和残奥冰球等项目，北欧滑雪项目既不存在风险较高的动作，也没有强烈的身体对抗，因此在训练中的运动损伤以劳损为主。

二、影响运动损伤的因素

（一）生物力学因素

越野滑雪需要全身参与，若上肢推杆和下肢滑行动作不协调，则容易引发肩部和肘部劳损，尤其是在双推和单推技术中。

（二）技术与体能因素

高水平运动员因技术规范，受伤风险较低；而低水平运动员因技术不熟练和体能不足，易发生损伤。越野滑雪的高强度耐力需求也加重了心肺和肌肉疲劳风险。

（三）设备与环境因素

适合的滑雪板和滑雪杖可减轻关节压力；若设备选择不当则易引发损伤。此外，恶劣的气候条件也会对运动员的安全性造成影响。

三、损伤防护策略

（一）加强力量与灵活性训练

针对上肢、下肢和核心肌群进行力量和灵活性训练，提升关节稳定性和肌肉柔韧性，以减少因疲劳和不稳定性导致的损伤。

（二）技术标准化与个性化调整

通过视频分析和动作捕捉技术，优化运动员的滑行姿势、推杆角度和动作节奏，确保技术动作符合规范，并根据残疾类型个性化调整，降低受伤风险。

（三）增强防护意识与心理素质

运动员应了解常见的损伤类型，养成良好的热身、拉伸习惯，并培养良好的心理素质，以应对复杂赛况，避免因紧张导致的动作失误。

（四）科学训练与避免过度训练

教练员应合理制订训练计划，避免因过度训练引发渐进性损伤。高强度训练后，应结合理疗、按摩等手段加速恢复，防止疲劳积累。

（五）提前适应比赛环境与优化装备

通过适应性训练熟悉比赛地形和气候，并对滑雪板和滑雪杖进行调整，确保装备适合个人情况，最大限度降低比赛中的受伤风险。对于残疾运动员尤其要定制合适的装备，以增强稳定性和保护效果。

第六章
残疾人冬季两项

第一节 残疾人冬季两项的历史、分类与发展

残疾人冬季两项（图6-1）作为冬季残疾人奥林匹克运动会中的一项重要竞技项目，结合了越野滑雪的体能挑战和射击的精确控制，成为考验运动员多方面能力的综合性赛事。在残奥会中，残疾人冬季两项占据重要地位，并随着时代进步不断更新技术和装备。通过应用现代科技和创新科学训练方法，运动员的比赛体验和竞技水平得到了显著提升。如今，残疾人冬季两项不仅是一项挑战个人极限的竞技运动，更成为展示残疾运动员勇气、毅力和技能的平台，推动了残疾人体育文化的进一步发展和普及[1]。

图6-1 残疾人冬季两项

一、残疾人冬季两项的起源与发展历程

残疾人冬季两项源于20世纪中期，最初用于帮助受伤士兵康复。"二战"后，滑雪逐渐在退伍军人中流行，特别是对肢体残疾的士兵，滑雪不仅作为娱乐与运动，也是一种有效的康复手段，帮助提升平衡感、耐力和协调性。随着时间推移，滑雪和射击结合的活动被纳入残疾人康复项目中，既可提升体能，又可增强自信与社交能力。

---

[1] 董欣，刘飚. 冬季残奥会项目设置特点及发展趋势分析 [J]. 体育文化导刊，2013（12）：45-48.

20世纪70年代，残疾人滑雪运动普及。1976年，瑞典首次举办冬残奥会，标志着残疾人冬季运动正式被国际承认。然而，冬季两项直到1988年因斯布鲁克冬残奥会才成为正式项目，最初仅限肢体残疾的运动员参加，要求在滑雪和射击之间快速转换完成任务。

1992年，冬季两项向视力残疾运动员开放，增加了导滑员的协助，使赛事更具包容性和挑战性。此后，国际残疾人奥林匹克委员会（IPC）不断调整规则和分组，增加各类残疾运动员的参与机会。进入21世纪后，冬季两项发展迅速，2006年都灵冬残奥会设立了站姿、坐姿和视障三种分组，提升了比赛公平性。伴随着科技进步，残疾人冬季两项的装备、训练策略和技术要求不断优化，使运动员在极端条件下应对滑行和射击的综合挑战。

二、残疾人冬季两项的分级标准与损伤类别

残疾人冬季两项作为冬残奥会的核心项目之一，为保证比赛的公平性和竞争性，国际残奥委员会制定了详细的分级标准。根据运动员的残疾类型及其对运动表现的影响，残疾人冬季两项运动员被分为三大类：站姿、坐姿和视力障碍。每一类又进一步细分为多个等级，以便根据运动员的具体残疾状况和功能能力进行更精确的分类。

（一）分级标准

1. 站姿（LW2～LW9）

站姿适用于肢体残疾但能够站立滑行的运动员。根据残疾部位（如下肢或上肢）及其对平衡和控制的影响，站姿运动员被进一步细分为多个等级（LW2～LW9）。评估标准包括运动员的肌力、关节活动范围、平衡能力等因素。

LW2级：适用于单侧下肢截肢或功能严重受限的运动员，这些运动员在比赛中使用两个滑雪板和两个雪杖，需在滑行时特别注意平衡和重心控制。

LW4级：针对单侧下肢功能损失较轻的运动员，他们需要通过熟练的技术运用和滑雪杖的辅助维持滑行稳定性。

LW5/7级至LW9级：主要包括上肢截肢或功能受限的运动员，他们使用两个滑雪板，但不能使用滑雪杖或仅使用一个滑雪杖，这些运动员需在滑行时更加依赖核心力量和平衡能力。

2. 坐姿（LW10~LW12）

坐姿适用于下肢功能完全丧失或严重受限的运动员，他们在特制的坐姿滑雪器械（如滑雪椅）上完成比赛。分级标准依据上肢力量、核心力量以及对滑雪设备的操控能力进行划分。

LW10级：运动员有较严重的下肢和躯干损伤，需要在滑雪器械上高度依赖上肢力量和上身核心力量的稳定性操控方向和速度。

LW12级：运动员具备一定的核心控制能力和上肢力量，能够在滑雪器械上进行更精细的操作，滑行技术更为成熟。

3. 视障（B1~B3）

视障则根据运动员的视力受损程度进行分级，确保运动员在公平的环境下比赛。

B1级：完全失明或几乎完全失明的运动员，需在比赛中依赖导滑员的声音信号引导进行滑行。

B2级和B3级：具有一定程度视力的运动员，能够使用部分残存的视觉信息完成滑行，但仍需导滑员的协助以确保安全。

（二）损伤类别

在残疾人冬季两项的分级过程中，损伤类别是决定运动员所属等级的重要因素。不同的损伤类别和程度直接影响运动员的运动能力和滑雪技术表现，从而成为分级评定的重要依据。表6-1是各类损伤及其导致原因的分类，这些分类是分级标准的重要参考。

表6-1 残疾人冬季两项项目运动员损伤类别

损伤类别	导致损伤原因
肌力损伤	脊髓损伤（完全或不完全，四肢瘫或偏瘫），肌营养不良，脊髓灰质炎和脊柱裂
肢体缺失	创伤性截肢，因骨骼疾病或神经机能障碍而导致的截肢，或先天性肢体短小或缺失
双下肢不等长	发育异常和先天性或（于骨生长期）外伤致肢体发育障碍
肌张力增高	脑瘫，创伤性脑损伤和脑卒中
共济失调	脑瘫，创伤性脑损伤，脑卒中和多发性硬化症
手足徐动	脑瘫，创伤性脑损伤和脑卒中

续表

损伤类别	导致损伤原因
被动关节活动度损伤	慢性关节疾病或创伤导致的关节弯曲和挛缩，导致被动关节活动度受限创伤或先天及后天疾病导致的视力及视野损伤
视力损伤	需具备以下至少一项损伤：①眼睛结构的损伤；②视神经/光学通路的损伤；③视觉皮层的损伤

三、技术创新与装备演进

随着科技的发展，残疾人冬季两项的技术和装备也经历了显著的创新与演进。装备的革新和技术的进步不仅极大地提高了残疾运动员的竞技表现，也大幅提升了比赛的观赏性和安全性。

（一）滑雪椅与支撑装备的改进

坐姿组的运动员通常借助滑雪椅进行比赛，早期的滑雪椅设计相对简单，主要关注轻量化和基本的稳定性。近年来，采用碳纤维、钛合金等轻量化材料制造的滑雪椅不仅更轻、更坚固，还能根据不同的雪况自动调整刚度和柔韧性。此外，智能悬挂系统和自适应调节装置的引入，使运动员在复杂地形中滑行时能够获得更佳的操控体验和减震效果。

（二）高效推杆与智能导航滑雪杖

针对站姿组和坐姿组的运动员，滑雪杖的改进主要集中在材料选择和功能集成上。现代滑雪杖采用高强度复合材料制作，具有更好的耐用性和轻便性。同时，集成惯性导航系统、实时反馈传感器等高科技装置，使运动员可以实时获取雪况、坡度和速度数据，帮助其在比赛中做出更精准的战术决策。

（三）多地形适应的智能滑雪板

为提高在不同地形下的滑行效率，滑雪板的材料和设计也不断进化。例如，使用智能复合材料和微调芯片的滑雪板能够根据实时雪况和地形调整硬度和角度，提供更优质的滑行体验和能量管理。此外，新型滑雪板还集成了能量反馈系统，可以帮助运动员在长距离滑行中优化能量消耗。

（四）辅助技术的引入

视障运动员通常需要配备带有声音引导的辅助设备。这些设备通过实时提供比赛场地的信息，帮助运动员在比赛中准确导航和进行射击。近年来，基于

AI 的智能辅助设备成为一个新的研究方向，通过数据分析和机器学习技术，进一步优化运动员的战术和动作表现。

技术的创新和装备的演进，使残疾人冬季两项比赛更加精确、科学和安全，同时也为运动员在复杂的比赛环境下取得更好的成绩提供了坚实的保障。

四、残疾人冬季两项的分类与技术特点

残疾人冬季两项的分类与技术特点决定了运动员在比赛中的表现方式和训练方法。这项运动的特殊性在于其需要运动员掌握两种截然不同的技能：高速滑雪和精确射击[1,2]。以下是对残疾人冬季两项各分类的详细技术特点分析。

（一）站姿组的技术特点

站姿组运动员在滑雪过程中需要利用单侧或双侧肢体进行滑行和控制雪板，通常使用单杖或双杖推进。由于下肢的残疾，站姿组运动员对平衡能力和下肢力量要求极高。他们在滑行时需更关注重心的转移和边刃的控制，以减少能量消耗并保持滑行速度。在射击阶段，稳定的据枪姿势和快速的呼吸调整是射击准确性的关键，运动员需要在高强度滑行后迅速调整心率。

（二）坐姿组的技术特点

坐姿组运动员使用特制的滑雪椅进行滑雪。由于下肢功能缺失，坐姿组运动员主要依靠上肢力量推进，因此，核心力量和上肢的耐力训练非常重要。滑雪椅的设计也直接影响其滑行稳定性和速度控制能力。在射击环节，坐姿运动员的枪支稳定性和瞄准精度直接关系到其比赛成绩。保持身体的平衡、增强肩部和背部的力量是提高射击精度的关键。

（三）视力障碍组的技术特点

视力障碍组运动员需要依赖导滑员或辅助设备进行比赛。在滑雪阶段，运动员需要与导滑员建立高度的默契，通过声音信号获取滑行路线和节奏的反馈。这对运动员的听觉反应能力和节奏控制能力提出了高要求。在射击环节，视力障碍组运动员依赖声波引导系统进行瞄准，需要在短时间内做出射击决

---

[1] 王润极，徐亮，阎守扶，等．分级视角下残疾人冬季两项运动的关键竞技特征分析 [J]．首都体育学院学报，2020，32（2）：178-185．
[2] 房英杰，宋文利，朱玉龙，等．冬季残疾人奥林匹克运动会冬季两项运动项目特点与制胜规律 [J]．哈尔滨体育学院学报，2021，39（3）：41-45；51．

策，这对其听觉和空间感知能力都是一项挑战。

（四）动静转换的技术特点

残疾人冬季两项最具挑战的环节在于滑雪与射击的动静转换。运动员需要在高速滑行后迅速进入安静状态进行射击，这种转换需要极高的生理和心理控制能力。动静转换技术不仅涉及身体姿态的调整，还要求快速的神经系统响应和高效的呼吸控制。尤其对于残疾运动员，动静转换的能力往往决定了其比赛的整体表现。

第二节 残疾人冬季两项运动员的生理特征与技术需求

残疾人冬季两项是一项结合越野滑雪的体能挑战和射击的精确控制的高强度竞技运动。该项目的核心特点在于运动员需要在高强度滑雪后迅速进入稳定的射击状态，这一过程对体能和心理素质提出了极高的要求。根据运动员的残疾类型和分级特点，残疾人冬季两项运动员在竞赛中需要克服残疾带来的限制，合理利用自身生理特征，并借助科学的训练方法和技术优化取得优异成绩。因此，深入了解残疾人冬季两项运动员的生理特征和技术需求，对于制订有效的训练计划和比赛策略至关重要。

一、残疾人冬季两项运动员的生理特征

冬季两项对运动员的耐力、力量、平衡、精准度和心肺功能有着极高的要求。由于残疾人冬季两项运动员的残疾类型和分级各不相同，其生理特征也各具特点[1]。以下是不同分级残疾人冬季两项运动员的主要生理特征。

（一）站姿滑雪运动员的生理特征

站姿滑雪运动员包括LW2～LW9级别的运动员，他们的残疾主要涉及下肢或上肢的功能受限。这类运动员的核心特征在于他们需要在不完全的肢体功能下，利用身体其他部位的力量和协调性完成滑雪和射击任务。例如，LW2～LW4级的运动员通常为单侧或双侧下肢残疾者，尤其是膝关节以上截肢或髋关节功能受限的运动员，主要依赖核心力量和上肢力量维持滑行时的稳定性和平衡。由于滑雪过程对动态平衡的要求极高，这些运动员的训练重点在于增强核

---

[1] 刘丰彬，姚鸿恩，段立公，等. 国家优秀女子冬季两项运动员射击训练中相关生理指标变化规律的研究 [J]. 天津体育学院学报，2008（1）：26-30.

心肌群的力量与稳定性,以补偿下肢的缺失。此外,良好的心肺功能对于支持长时间的滑行和频繁的动静转换也至关重要,不仅能增强滑雪的持久性,还能帮助运动员在射击环节迅速平复心率和呼吸,从而提高射击精准度。

(二) 坐姿滑雪运动员的生理特征

坐姿滑雪运动员包括LW10~LW12级别的运动员,这些运动员通常为下肢完全丧失功能或严重受限者。坐姿滑雪的核心挑战在于如何在滑雪椅上稳定控制方向和速度,这对上肢力量和核心力量提出了极高的要求。由于失去下肢力量,这些运动员在滑行过程中需要特别强化上肢力量的训练,尤其是肩部、肘部和腕部的肌肉力量。此外,核心肌群的力量与耐力在支撑滑雪椅稳定性及精确控制滑行轨迹方面起到关键作用。有效的核心力量能够帮助坐姿滑雪运动员在不同地形下稳定滑行,同时提高转弯和避障时的反应速度。上肢的耐力和爆发力,以及手臂的灵活性和推拉动作的稳定性,都是决定其滑行表现的关键因素。

(三) 视障滑雪运动员的生理特征

视障滑雪运动员包括B1~B3级别的运动员,这些运动员的主要挑战在于如何在看不清或无法看清赛道的情况下滑行。B1级运动员完全依赖导滑员的指引完成比赛,而B2和B3级运动员虽然有部分视力,但也需大量依赖听觉和触觉感知环境。这类运动员的生理特征强调反应速度、动态平衡和身体的空间感知能力。由于需要根据导滑员的指示及时做出反应,他们的训练需要特别注重心肺功能、肌肉爆发力和迅速调整姿势的能力。与其他类别不同,视障滑雪运动员需要在滑行和射击过程中保持高度的专注力和反应速度,以确保不因外部环境变化而影响比赛表现。

二、残疾人冬季两项运动的技术需求与生理适应

在冬季两项比赛中,运动员需要根据自身的生理特征和残疾类型来制订相应的技术训练方案[1,2]。以下是残疾人冬季两项运动的主要技术需求与生理适应方向。

---

[1] 房英杰,王子朴,杜承润.世界优秀冬季两项运动员射击技术特征、影响因素与训练策略[J]. 中国体育科技,2021,57(12):9-17.
[2] 王润极,李海鹏,阎守扶,等.冬季两项运动员竞技表现的影响因素及训练策略[J]. 中国体育科技,2020,56(12):27-35.

（一）力量与耐力

冬季两项的滑雪项目对运动员的力量和耐力要求极高，尤其是在越野滑雪的过程中，运动员需要展现强大的全身力量和耐力。站姿滑雪运动员（LW2~LW4级别）应着重训练核心力量和上肢力量以维持平衡和速度；而坐姿滑雪运动员（LW10~LW12级别）则需特别加强上肢的推动力和核心力量训练，以提高滑雪椅的操控能力和滑行速度。此外，心肺功能的强化训练也是必要的，因为长时间的高强度滑行需要卓越的有氧代谢能力以维持运动强度和速度。

（二）平衡与协调能力

冬季两项对动态和平衡的协调转换要求极高。站姿滑雪运动员需要在滑行过程中保持下肢平衡，尤其是在越野滑雪中的各种地形变化下，要求其能够快速调整重心和滑行姿态；而坐姿滑雪运动员则需要维持滑雪椅的稳定，特别是在转弯和避障过程中依靠上肢和核心肌群的协调发力。对于视障滑雪运动员来说，平衡训练不仅需要身体协调能力，还要提升在不确定环境中的感知反应能力，利用听觉和触觉协调动作，以弥补视力受限带来的挑战。

（三）精准度与射击技术

射击环节在冬季两项比赛中至关重要，运动员需在高强度滑雪之后迅速降低心率、调整呼吸、稳定姿态，以确保射击的精准度。这要求运动员在高强度滑雪后具备快速恢复平静状态的能力。针对这一点，训练心肺功能和提高心理稳定性尤为重要。尤其是视障滑雪运动员，在射击时需要高度专注于听觉指令，训练中需加强专注力和听觉反应的练习。射击精准度直接影响比赛成绩，因此，运动员需要在体能和技术上具备快速而稳定的恢复能力。

（四）心肺功能与有氧代谢

长时间高强度比赛中的心肺功能适应：由于冬季两项是一个长时间高强度的耐力项目，运动员需要具备卓越的心肺耐力，以支持持续的滑行和多次射击。无论是站姿、坐姿还是视障滑雪运动员，强化心肺功能和有氧代谢功能的训练都是必不可少的，尤其是通过高强度间歇训练和长时间的耐力训练提高氧气利用效率和身体恢复能力。

三、残疾人冬季两项运动员的体能与技术整合训练

为了更好地提高残疾人冬季两项运动员的运动表现，综合体能和技术训练

是关键[1]。以下是一些针对不同分级运动员的整合训练方法。

（一）综合力量训练

针对核心和上肢力量的专项训练：站姿滑雪运动员可通过深蹲、硬拉等动作提高下肢和核心力量；坐姿滑雪运动员应重点进行上肢推拉和核心稳定性训练，如划船、推举等复合动作，以提高滑雪椅的操控能力和滑行效果。通过增加核心和上肢力量训练，运动员能够更好地应对滑行过程中的各种挑战。

（二）动态平衡与协调训练

利用平衡板、悬挂训练系统和稳定器械进行训练，有助于提高各级别运动员在滑雪和射击转换时的动态平衡和核心控制能力。视障滑雪运动员还可以与导滑员合作训练，模拟比赛中的沟通和协调。这种平衡与协调的训练不仅能帮助运动员在滑行中保持稳定，也能提高射击时的身体控制能力。

（三）专项耐力与心肺功能训练

结合越野跑、划船机和高强度间歇训练等方式，提升运动员的耐力和心肺功能。对于视障滑雪运动员，增加结合导滑员的专项训练，有助于强化其在多变赛道上的应变能力和身体协调能力。这种训练方式能提高运动员的整体耐力水平，帮助他们更好地应对长时间的高强度比赛。

（四）反应速度与灵活性训练

通过复杂赛道模拟、射击动作练习和动态场景再现训练，强化运动员的反应速度和灵活性，确保在滑行过程中和射击转换时的快速反应和精准表现。反应速度的提升不仅能帮助运动员更快地适应赛道变化，也能提高其在射击环节的表现。

第三节　残疾人冬季两项关键技术研究与运动生物力学分析

冬季两项是一项结合越野滑雪和射击的高强度竞技运动，对运动员的体能、技术、心理素质等方面均提出了严苛要求。特别是在残疾人冬季两项比赛

---

[1] 周文婷. 冬季两项运动员的生物学特征和竞赛、训练特征研究［J］. 天津体育学院学报，2022，37（1）：25-31；59.

中，运动员需要根据自身残疾类型和功能级别，在不同雪道和复杂多变的环境中快速适应滑行和射击的转换。滑行速度控制、射击精准度和动静转换效率是冬季两项比赛中决定运动员表现的关键因素。通过对残疾人冬季两项运动员的关键技术研究和运动生物力学分析，可以揭示影响其表现的主要因素，并制定相应的优化策略，以提升运动员的整体比赛成绩[1]。

一、滑行与射击技术

冬季两项的比赛特点在于需要在滑雪和射击两个截然不同的环节之间频繁转换，因此，运动员必须在保证滑雪速度的同时，迅速进入稳定的射击状态。滑行中的速度控制、转弯技术以及射击中的精准度和节奏控制，是影响冬季两项成绩的核心环节。以下是对这些关键技术的运动生物力学分析。

（一）滑行速度控制与路线选择的运动生物力学分析

滑行速度的控制和路线选择是冬季两项比赛中的核心技术之一。在运动生物力学研究中，滑行速度的控制涉及运动员如何利用重力、摩擦力和惯性力将滑行效率和稳定性最大化。选择合理的滑行路线依赖于对滑行轨迹的精确计算、转弯角度的把控以及加速度变化的有效管理，以维持最佳速度。

从运动学角度看，运动员在滑行过程中的速度变化与其滑行路线的选择密切相关。直线路径可以最大化滑行速度，但要求运动员具备更高的平衡控制能力和肌肉力量，尤其是核心肌群的稳定性和下肢力量输出的精确调控。曲折的滑行路线则能更好地控制速度并保持滑行的稳定性。

运动生物力学的分析表明，选择不同的滑行路线会影响运动员的能量消耗、肌肉负荷和重心转移策略。较直的滑行路线需要运动员在短时间内产生较大的力矩和爆发力，而较平缓的路线则有助于减少肌肉的疲劳累积。针对不同级别和残疾类型的运动员，训练中应结合滑行速度与路线选择的优化策略，通过强化核心力量、提高平衡能力以及加强加速度控制的训练，提高滑行技术的效率和稳定性。

（二）转弯技术与动静转换能力的运动生物力学分析

在冬季两项的滑行过程中，转弯技术是影响滑行效率和稳定性的关键因

---

[1] 刘丰彬，段立公，姚鸿恩. 我国优秀女子冬季两项运动员射击训练中脑电图及其相关指标变化规律的研究 [J]. 北京体育大学学报，2010，33（6）：54-56.

素。运动生物力学分析转弯技术时，重点在于如何通过重心转移、角速度的控制以及肌肉力量的协调优化转弯动作的执行。较小的转弯半径虽然可以缩短滑行时间，但对运动员的平衡能力、核心力量和下肢爆发力的要求更高；而较大的转弯半径虽更易维持滑行速度的稳定性，但会增加滑行的总距离。

运动生物力学的研究表明，转弯过程中的重心转移和速度调整直接影响动静转换的效率。动静转换的关键在于如何有效地从高速滑行状态进入稳定的射击状态，并在射击完成后迅速恢复滑行速度。这需要神经系统快速调节肌肉的收缩与放松，尤其是控制核心肌群与上肢肌肉的协同发力，以实现快速、平稳的重心转换。

通过对动静转换技术的训练，可以帮助运动员在滑行与射击之间实现无缝衔接，减少不必要的时间损失。具体训练方法可以包括模拟高强度滑行后的静态瞄准练习，以及结合转弯训练和重心控制训练，增强运动员在不同环境下的平衡调整和速度恢复能力。

（三）射击技术的精准度与稳定性的运动生物力学分析

在冬季两项中，射击技术的精准度是比赛成败的决定性因素之一。在射击技术的运动生物力学分析中，重点关注上肢静态控制能力、手眼协调能力、呼吸控制水平以及神经肌肉反应的稳定性。射击时的姿态控制、呼吸节奏和扳机扣动时机是决定射击准确性的关键因素。

研究表明，射击过程中的身体姿态稳定性与上肢和躯干的静态力量输出密切相关。运动员需要在滑行后快速降低心率和呼吸频率，以进入稳定的射击状态。良好的射击姿态能够减少无效的身体晃动，最大限度提高射击的精准度。运动生物力学的分析指出，核心肌群和上肢肌肉的协调发力有助于稳定射击时的身体姿态，减少瞄准时的晃动。

对于视障运动员（图6-2）来说，射击技术还高度依赖于听觉提示和肌肉记忆。因此，训练中应特别注重专注力的培养、听觉反应的强化以及肌肉控制的精准度提升。结合生物力学原理的训练方法包括呼吸节奏控制练习、静态力量稳定性训练，以及听觉

图6-2 刘子旭夺残疾人冬季两项男子6公里冠军

反应与肌肉记忆的整合练习。

二、能量管理与体能分配

冬季两项是一项极具耐力和力量要求的运动项目，运动员需要在比赛过程中高效管理与合理分配体能，尤其是在滑行和射击之间不断转换时的能量消耗。运动生物力学可以通过分析能量消耗的动力学模型、代谢路径和肌肉疲劳的积累模式，为运动员制定科学的能量管理策略。

（一）能量代谢与动力学分析

能量代谢的研究是冬季两项体能管理的核心。在滑行过程中，运动员主要依靠有氧代谢维持长时间的体能输出，而在需要快速加速或转弯时，则依赖无氧代谢提供瞬时爆发力。在射击过程中，运动员需要快速从高强度滑行的状态过渡到低强度静态瞄准的状态，这一过程对能量代谢转换的效率提出了很高的要求。

在运动生物力学分析中，能量代谢转换效率与肌肉的供氧能力、心肺功能以及神经肌肉控制的协调性密切相关。通过训练可以提高运动员的有氧和无氧代谢效率，尤其是在长时间比赛中，可以帮助他们在滑行与射击之间迅速适应能量代谢的转换。具体训练方法包括高强度间歇训练、有氧耐力训练、结合滑行和静态射击的复合训练等，以增强不同能量系统的适应能力。

（二）肌肉疲劳与恢复策略的生物力学分析

在冬季两项比赛中，肌肉疲劳的积累是影响比赛成绩的重要因素之一。在运动生物力学研究中，肌肉疲劳通常表现为肌肉力量输出的减少、运动控制的精准度下降和反应时间的延长。滑行中的大肌群（如股四头肌、腘绳肌和核心肌群）和射击中的小肌群（如上肢和手部肌肉）都会在高强度比赛中发生不同程度的疲劳。

合理的体能分配和恢复策略可以有效延缓肌肉疲劳的发生，提高运动员在比赛中的技术表现。通过肌肉电刺激和高效的拉伸恢复训练，可以提高肌肉的恢复能力和力量输出的稳定性。同时，结合运动生物力学分析结果，优化滑行与射击的节奏安排和转换时间，减少因疲劳积累导致的动作变形和失误。

三、心理因素与动作表现

冬季两项是一项高压、高强度的运动项目，运动员的心理状态直接影响其动作表现和技术执行。运动生物力学不仅关注肌肉和骨骼系统的运动，还研究心理压力如何通过神经系统影响运动表现，尤其是在高压环境下的细微动作控制和技术发挥。

（一）心理压力与运动表现的生物力学关系

心理压力在冬季两项中的影响体现在射击的精准度和滑行的节奏稳定性上。心理压力会导致肌肉的过度紧张，影响呼吸节奏和心率，从而影响技术动作的精准度。运动生物力学研究表明，心理压力会改变肌肉的激活模式，增加非必要的肌肉张力，导致力量输出的不稳定性和动作的晃动增加。

训练中可以通过心理训练和模拟高压比赛环境改善运动员的抗压能力，如使用生物反馈设备监测心率变化和肌肉电活动，帮助运动员调整心理状态，提高其在高压环境下的动作稳定性和技术执行力。

（二）专注力与手眼协调能力的整合训练

冬季两项的射击环节对专注力和手眼协调能力要求极高。运动生物力学分析显示，专注力的提高可以显著改善射击的精准度和滑行时的动作流畅性。在实际训练中，结合反应时间训练、视觉追踪训练和专注力强化训练等方法，可以有效提升运动员的技术表现和比赛成绩。

四、越野滑雪技术与赛道适应研究

越野滑雪是冬季两项中的重要组成部分，要求运动员在各种地形条件下保持稳定的滑行状态并有效控制速度。越野滑雪技术的优化不仅涉及滑行效率的提高，还包括如何根据不同赛道条件灵活调整技术策略。

（一）滑行效率优化

滑行效率是提升比赛成绩的关键。在越野滑雪过程中，运动员需要综合考虑速度、力量、耐力和节奏控制，以最大限度地发挥滑行能力。研究发现，成绩优异的运动员往往能够在滑行过程中巧妙地分配体能，保持滑行速度和连续性，同时在关键节点调整节奏，以确保在转弯和爬坡等难点处不失速。

（二）赛道适应与策略改良

不同的赛道条件对越野滑雪技术的要求有所不同。运动员需要根据赛道的坡度、转弯半径和雪质情况，灵活调整滑行技术和策略。例如，在坡度较大的赛道上，运动员需要更强的下肢爆发力和耐力；而在转弯密集的赛道上，则需要更好的平衡能力和转向控制技术。

针对不同赛道条件的适应性训练非常重要。通过对不同地形条件下运动员滑行技术的分析，教练员可以帮助运动员制订个性化的训练计划，提高其在不同赛道上的表现。例如，在坡度较大的赛道上，可以加强上坡和下坡技术的训练，提高运动员的滑行控制能力和体能分配策略。

第四节 残疾人冬季两项运动员的损伤特征与预防策略研究

随着残疾人冬季两项的普及和竞技水平提升，运动损伤的预防和管理成为关键课题。由于残疾人冬季两项结合了越野滑雪和射击，并在高强度的比赛环境中进行，运动员在运动中易发生各种损伤。通过分析损伤特征、机制和预防策略，能帮助运动员制订科学的训练计划，降低运动风险并提升表现。

一、残疾人冬季两项运动员的损伤特征

残疾人冬季两项的损伤特征与普通运动员及其他冬季运动项目不同，主要体现在损伤发生率、损伤部位和机制等方面，且与残疾类型、运动姿态及赛道环境密切相关。

（一）损伤发生率与严重程度

冬季两项由于结合了越野滑雪与射击，要求运动员在滑行后快速转换至静态的射击状态，造成较高的损伤发生率。在越野滑雪环节中，高速滑行、起伏不定的雪道及频繁转弯，使摔倒或失控滑行的风险升高。在射击环节，突然的体位调整易引发肩部、背部和上肢的损伤，如肩袖损伤或肌腱炎等。

（二）损伤部位与类型

常见损伤部位集中在肩部、上肢、腰背部及下肢。

坐姿滑雪运动员：多见肩关节脱位、肘部劳损、腰椎间盘突出等损伤，主要由上肢和核心肌群反复使用导致。

站姿滑雪运动员：常见膝关节韧带撕裂、腰背痛等问题，因单侧肢体依赖，造成下肢与腰部负荷不均。

视障滑雪运动员：损伤多集中在头部和上肢，如脑震荡、肩部脱位等，因对导滑员高度依赖，一旦指令延误，便易发生碰撞或摔倒。

（三）损伤机制

不同残疾类型的运动员面临各自的损伤风险。

坐姿滑雪运动员：缺乏下肢主动控制，依赖上肢推动滑雪杖实现滑行，易发生肩袖撕裂、腰部损伤等。

站姿滑雪运动员：因平衡和重心转移不对称，导致肌肉和关节负荷加重，引发下肢及腰部的急性或慢性损伤。

视障滑雪运动员：完全依赖导滑员的指令滑行，若信号不及时，可能导致方向失控，增加头部和上肢损伤风险。

二、预防策略

根据损伤特征，以下策略可有效预防残疾人冬季两项运动员的损伤：

（一）加强力量训练

针对不同的运动姿态，强化上肢、核心和下肢力量，帮助运动员在滑行中保持稳定，减少急停和转弯时的损伤风险。

（二）优化技术动作

通过技术动作分解和模拟训练，帮助运动员在转换滑行和射击环节时更平稳地过渡，减小心血管系统和肌肉的应激反应。

（三）提升反应与协调能力

特别是视障滑雪运动员，通过训练提高对导滑员指令的反应速度，避免因方向失误造成的摔倒或碰撞。

（四）合理使用装备

根据各类残疾类型选择合适的滑雪椅、滑雪杖等装备，确保稳定性和舒适性，并定期维护装备，减少因装备故障引起的意外伤害。

（五）强化心理准备与体能管理

在高强度赛事前进行心理训练，确保运动员保持冷静的状态，结合科学的恢复方法，加速赛后肌肉和关节的修复，降低运动损伤的长期影响。

第七章
残疾人高山滑雪

第一节 残疾人高山滑雪的历史、分类与发展

残疾人高山滑雪（图7-1）作为冬残奥会的核心项目之一，不仅展示了残疾运动员的卓越滑雪技能，还体现了他们在面对身体障碍时所展现的坚韧和适应能力。该项目分为坐姿滑雪、站姿滑雪和视障滑雪三类。

图7-1 残疾人高山滑雪

一、残疾人高山滑雪的起源与发展历程

在1976年瑞典厄恩舍尔兹维克的首届冬残奥会上，残疾人高山滑雪首次被列入比赛项目，标志着残疾人高山滑雪正式走上国际竞技舞台。此后，残疾人高山滑雪运动迅速发展，参与国家和赛事种类逐渐增加。1980年，比赛规则和分级系统逐渐规范化，以更好地适应不同残疾类型的运动员。1984年，

在奥地利举办的冬残奥会上残疾人高山滑雪增加了坐姿滑雪项目，为下肢残疾的运动员提供了参赛机会。

1990 年，科技和训练方法的进步推动了运动员表现的提升。随着设备的不断改进，如更稳定的滑雪椅和更轻便的滑雪杖，运动员在技术和速度上取得了显著进步。与此同时，赛事逐步扩展，增加了不同技术和难度的赛道，帮助运动员展现多样化的滑雪技能。1998 年日本长野冬残奥会上，视障滑雪正式成为比赛项目，残疾人高山滑雪的项目设置更加全面。

21 世纪以来，随着全球对残疾人运动的重视，越来越多的国家开始参与残疾人高山滑雪赛事。2014 年索契冬残奥会标志着科技进一步融入这项运动，智能滑雪装备和精确的运动数据分析工具开始被广泛应用。这些科技手段不仅提升了运动员的竞技水平，还为教练员提供了更科学的训练方法。

在 2022 年北京冬残奥会上，科技辅助设备的普及使运动员在比赛中实现了更高的稳定性和速度控制。北京冬残奥会不仅展示了残疾人高山滑雪的高水平竞技能力，也进一步推动了这项运动在全球的普及和技术创新。

二、残疾人高山滑雪的分级标准与损伤类别

（一）分级标准

随着残疾人高山滑雪运动的发展，对运动员残疾类别的划分和分级标准也在不断演进和完善，以确保比赛的公平性和竞争性。根据国际残疾人奥林匹克委员会制定的医学分类系统，残疾人高山滑雪运动员被划分为三大类：站姿滑雪、坐姿滑雪和视障滑雪。每个类别根据运动员的具体残疾状况又进一步细分，确保每位运动员能够在公平的环境中充分展现其技能和竞技水平。

1. 站姿滑雪（LW1~LW9-2）

站姿滑雪适用于肢体残疾的运动员。根据残疾部位及其对平衡和控制的影响，进一步分为多个等级（LW1~LW9-2）。评估标准包括运动员的肌力、关节活动范围以及平衡能力等。例如，LW1~LW4 的运动员通常是双侧或单侧下肢残疾者，而 LW5/7~LW8 的运动员则可能是上肢残疾者。这些运动员需要在滑行时掌握特殊的技术以保持平衡，并有效利用上肢和下肢的力量完成滑雪动作。

2. 坐姿滑雪（LW10-1~LW12-2）

坐姿滑雪适用于下肢功能完全丧失或严重受限的运动员。运动员在特制的

滑雪椅上完成比赛，分级标准则根据上肢力量、核心力量以及对滑雪设备的掌控能力确定。比如，LW10-1~LW12-2 级的运动员需要依靠滑雪椅上的核心力量和上肢控制来操纵方向和速度。滑雪椅的设计和调节是比赛中的一个重要因素，影响着运动员的表现和安全性。

3. 视障滑雪（B1~B3）

视障滑雪根据运动员的视力受损程度进行分级，B1 级为全盲或几乎全盲，B2 级和 B3 级为部分视力受损。为了确保比赛的公平性，视障运动员需与一名导滑员共同完成比赛，导滑员通过语音指令引导运动员滑行。B1 级运动员完全依赖导滑员的指引，而 B2 和 B3 级的运动员则能够部分利用残存的视力进行滑行。

（二）损伤类别

在残疾人高山滑雪的分级过程中，损伤类别是决定运动员所属等级的重要因素。不同的损伤类别和程度直接影响运动员的运动能力和滑雪技术表现，从而成为分级评定的重要依据。表 7-1 是各类损伤及其导致原因的分类，这些分类是分级标准的重要参考。

表 7-1 残疾人高山滑雪项目运动员损伤类别

损伤类别	导致损伤原因
肌力损伤	脊髓损伤（完全或不完全，四肢瘫或偏瘫），肌营养不良，脊髓灰质炎和脊柱裂
肢体缺失	创伤性截肢，因骨骼疾病或神经机能障碍而导致的截肢，或先天性肢体短小或缺失
双下肢不等长	发育异常和先天性或（于骨生长期）外伤致肢体发育障碍
肌张力增高	脑瘫，创伤性脑损伤和脑卒中
共济失调	脑瘫，创伤性脑损伤，脑卒中和多发性硬化症
手足徐动	脑瘫，创伤性脑损伤和脑卒中
被动关节活动度损伤	慢性关节疾病或创伤导致的关节弯曲和挛缩，导致被动关节活动度受限创伤或先天及后天疾病导致的视力及视野损伤
视力损伤	需具备以下至少一项损伤：①眼睛结构的损伤；②视神经/光学通路的损伤；③视觉皮层的损伤

三、技术创新与装备演进

残疾人高山滑雪的发展得益于技术创新和装备的不断改进。与健全人滑雪不同，残疾人高山滑雪的装备设计需要特别考虑运动员的特殊需求，以确保滑行过程中的速度、控制和安全性。这些技术创新不仅提高了残疾运动员的竞技水平，也增强了该运动的观赏性和参与度（图7-2）。

图7-2 单雪板配合助滑器完成比赛

（一）滑雪器材的进化

早期的残疾人滑雪器材主要是在传统滑雪设备的基础上进行改造，以适应残疾运动员的特殊需求。随着材料科学和工程学的发展，现代残疾人滑雪器材已经有了显著进步。单板滑雪器（Mono-ski）和双板滑雪器（Dual-ski）使用了碳纤维、钛合金等轻质高强度材料，既减轻了重量，又提高了器材的稳定性和耐用性。滑雪器的座椅设计特别考虑了运动员的身体特点，可以进行个性化调节，提高滑行中的舒适性和控制力（图7-3）。为了适应不同类型残疾运动员的需求，滑雪器的减震系统也得到优化，能够更好地吸收滑行中的冲击力，避免因震动导致的身体不适和疲劳。

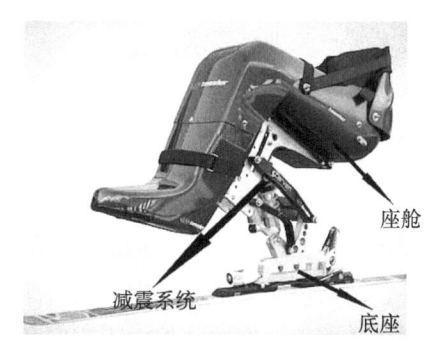

图7-3 残奥高山滑雪坐姿滑雪器

（二）智能滑雪装备的应用

智能技术的进步为残疾人高山滑雪装备的进一步提升提供了可能。近年来，智能滑雪手表、GPS定位设备、动作捕捉系统等先进装备在高山滑雪中被广泛应用。这些设备能够实时监测运动员的滑行轨迹、速度、姿态和生理数据，为教练员和运动员提供精确的数据和训练反馈，帮助运动员在比赛中进行科学的策略调整，最大限度地发挥自身潜力。这些技术的应用极大地提高了训练的针对性和科学性，降低了运动损伤的风险，同时也增加了比赛的技术深度和观赏性。

(三) 滑雪杖的优化

滑雪杖在残疾人高山滑雪中的作用至关重要，尤其是对下肢力量不足的运动员。近年来，滑雪杖在设计上得到了显著优化。现代滑雪杖采用了轻量化和高强度的材料，如铝合金和碳纤维等，使其重量更轻、耐用性更强。手柄和腕带的设计更加符合人体工程学，能够帮助运动员在高速滑行中保持稳定的握持力，提升滑行效率和安全性。此外，某些滑雪杖还配备了智能传感器，可以检测握持力和滑行频率，为运动员的训练提供数据支持。

四、残疾人高山滑雪的分类与技术特点

根据冬残奥会的比赛要求，以及运动员的残疾类型和滑行方式，残疾人高山滑雪主要分为坐姿滑雪、站姿滑雪和视障滑雪三类。每种形式都有其独特的技术特点和训练要求。

(一) 坐姿滑雪

坐姿滑雪是针对下肢功能完全或部分丧失的运动员设计的。他们通过单板滑雪器或双板滑雪器滑行。坐姿滑雪的技术核心在于如何利用上肢的力量和身体重心的变化完成复杂的转弯和滑行动作。由于下肢无法提供支撑力和稳定性，运动员需要依靠强大的核心肌群力量保持身体平衡，同时通过上肢力量和滑雪杖的辅助推力掌控滑行方向和速度，完成旗门转弯等技术动作[1]。

(二) 站姿滑雪

站姿滑雪适用于单肢或上肢残疾的运动员，这些运动员使用传统的双板滑雪设备，通过健全肢体和滑雪杖完成滑行和转弯动作[2]。由于身体的不对称性，站姿滑雪运动员需要特别注意重心的调整和力量的均衡分布。在训练中，运动员需要特别加强下肢的力量、灵活性和平衡性训练，以应对高难度地形变化和高速滑行的挑战。

(三) 视障滑雪

视障滑雪运动员需与导滑员配合完成比赛。导滑员通过语音指令引导运动

---

[1] 徐青华. 冬残奥坐姿高山滑雪选手旗门转弯技术的运动生物力学研究 [D]. 上海：上海体育学院，2021.

[2] 王向东，刘瑞姣，徐青华，等. 残疾人站姿高山滑雪最佳滑行路线研究 [J]. 成都体育学院学报，2022，48 (3)：101-106.

员完成滑行和转弯动作。由于视障运动员无法依靠视觉信息做出反应，他们必须高度依赖听觉和导滑员的指令，这对双方的默契配合和即时反应提出了极高的要求。视障滑雪的训练重点在于提升运动员的听觉敏感性和反应速度，同时提高导滑员与运动员之间的协同能力。双方之间的默契度和沟通技巧直接决定了比赛成绩。

第二节　残疾人高山滑雪运动员的生理特征与技术需求

残疾人高山滑雪是一项兼具力量、耐力和灵活性的高强度竞技运动。残疾运动员需要根据其残疾类型和分级特点，合理利用有限的身体功能完成高难度的滑雪动作，并在比赛中取得优异成绩。因此，了解残疾人高山滑雪运动员的生理特征和技术需求，对于制订科学的训练计划、优化技术动作和提高运动表现具有重要意义。

一、残疾人高山滑雪运动员的生理特征

高山滑雪是一项对生理机能要求非常高的运动，尤其是对于残疾运动员而言，他们的身体状态和生理特征与健全人存在显著差异[1]。以下是不同分级残疾人高山滑雪运动员的生理特征。

（一）坐姿滑雪运动员的生理特征

坐姿滑雪主要适用于下肢功能丧失或严重受限的残疾运动员。这些运动员在进行坐姿滑雪时，核心肌群（如腹肌、背肌和髋部肌肉）起到关键作用。由于缺乏下肢的支撑和推动力，坐姿滑雪运动员在滑行中必须依靠上肢的力量以及对核心肌群的控制保持稳定和速度。研究表明，坐姿滑雪运动员的核心肌群力量与平衡能力高度相关，他们需要特别强化躯干肌肉的耐力和爆发力，以在滑行中保持稳定。

（二）站姿滑雪运动员的生理特征

站姿滑雪运动员通常是上肢或单肢残疾，他们在滑行中需要依赖健全肢体的力量完成转弯和滑行动作。站姿滑雪运动员的生理特征为高度的协调性、平衡能力和下肢肌肉力量。因为他们必须在单侧或双侧肢体不对称的情况下保持

---

[1] Song T M K. Relationship of Physiological Characteristics to Skiing Performance [J]. The Physician and Sportsmedicine, 1982, 10 (12): 96-102.

身体的平衡，因此对核心力量的要求较高。此外，运动员还需要具备足够的灵活性和柔韧性，以应对快速的地形变化和高速滑行中的身体重心调整。

（三）视障滑雪运动员的生理特征

视障滑雪运动员的主要挑战在于感官输入的缺乏，他们无法依赖视觉判断方向和速度，而是高度依赖听觉和导滑员的语音指令。因此，视障运动员通常表现出更高的听觉敏感性和反应速度，他们的大脑需要更加快速地处理听觉信息，以便做出及时的动作调整。视障滑雪运动员在训练中需要大量的听觉反应和协同配合训练，提高其对外界指令的反应时间和精准度。

二、残疾人高山滑雪运动的技术需求与生理适应

为了在高山滑雪中取得优异的成绩，残疾运动员需要根据自身的生理特点和残疾类型，重点发展与滑雪技术紧密相关的身体能力[1,2]。

（一）力量与耐力

力量是滑雪运动的核心要素之一，尤其是在高强度的旗门转弯和快速滑降过程中，运动员需要强大的爆发力维持滑行速度和方向。对于坐姿滑雪运动员来说，核心力量尤为重要，核心肌群的稳定性决定了滑雪器的操作精准度和安全性。站姿滑雪运动员则需要注重下肢和上肢力量的平衡发展，避免因身体不对称导致的动作失误和损伤。视障滑雪运动员的力量训练则侧重于快速的启动和急停能力，提高在赛道上的反应速度。

（二）平衡与协调能力

平衡和协调是高山滑雪中的关键技术要求。无论是坐姿滑雪还是站姿滑雪，运动员都需要在滑行过程中保持身体的平衡，尤其是在高速转弯和滑降时更为重要。坐姿滑雪运动员需要通过核心肌群的力量维持平衡，而站姿滑雪运动员则需要依靠良好的下肢力量和神经肌肉协调能力保持滑行的稳定性。视障滑雪运动员必须高度依赖导滑员的指令，因此良好的听觉协调能力和下肢平衡能力是他们成功的关键。

---

[1] 段世尧. 我国残疾人高山滑雪运动员专项体能训练研究 [D]. 太原：中北大学，2021.
[2] 王晓刚，段世尧. 备战2022年冬残奥会我国高山滑雪队运动员专项素质训练研究 [J]. 体育研究与教育，2021，36（2）：67-73.

（三）反应速度与灵活性

高山滑雪是一项需要快速反应和灵活应变的运动。面对复杂的赛道和不确定的雪况，残疾运动员必须具备出色的反应速度和肢体灵活性。视障滑雪运动员的反应速度尤为重要，他们需要在毫无视觉信息的情况下，依靠听觉快速做出反应。灵活性训练不仅能够帮助运动员应对复杂的滑雪环境，还能减少因动作僵硬和失误造成的运动损伤。

（四）耐力与心肺功能

虽然高山滑雪比赛的持续时间相对较短，但极高的强度对运动员的耐力和心肺功能提出了挑战。特别是在长距离滑降和大回转项目中，运动员需要保持高强度的心肺输出，支持肌肉的无氧代谢供能。高效的耐力训练可以帮助运动员提高有氧耐力和无氧阈值，减少肌肉疲劳的发生，从而在比赛后半段依然能够保持良好的滑行表现。

三、残疾人高山滑雪运动员的体能与技术整合训练

残疾人高山滑雪运动员需在训练中结合体能与技术，确保在比赛中表现出最佳的滑行速度、控制力和适应性。训练方案应根据坐姿、站姿和视障滑雪运动员的独特需求进行调整。

（一）力量与耐力的综合训练

根据不同的滑雪类型，运动员需要特定的力量训练增强滑行时的推进力和控制力。坐姿滑雪运动员需侧重增强核心肌群和上肢力量，可采用抗阻训练（如杠铃推举和悬挂训练）提升核心的稳定性和上肢的力量，帮助运动员在急转弯中保持平衡。站姿滑雪运动员需强化下肢和全身力量的协调性，通过深蹲和单腿平衡练习，增强下肢力量和稳定性，提升单侧支撑下的平衡与控制。视障滑雪运动员则侧重提升快速启动和爆发力，通过短时间的高强度训练（如冲刺训练和间歇训练）增强心肺功能和上肢力量，应对急停和加速需求。

（二）平衡与协调性训练

高山滑雪中的平衡能力至关重要，训练目标是提高运动员的动态平衡和动作协调性。坐姿滑雪运动员可利用瑞士球上的平衡练习，帮助核心与上肢保持协调，防止滑雪器侧翻。站姿滑雪运动员则通过不稳定器材（如平衡垫和弹力带）进行训练，提升在不对称支撑下的稳定性，适应滑行中的不规则震动。

视障滑雪运动员的训练重点是提升听觉敏感度和转移重心,结合听觉提示的平衡训练,使运动员适应复杂场地条件,提升在导滑员指令下的即时调整能力。

(三)技术动作优化与场地模拟训练

技术动作优化的训练旨在提高滑行和转弯的精准度。坐姿滑雪运动员重点优化上肢和核心的协调,站姿滑雪运动员则需提升转弯中的重心控制,视障滑雪运动员可通过语音指令模拟进行情境训练。专项技术训练通过赛道模拟(如旗门转弯、大回转等),帮助运动员适应比赛中的多变条件,提升动作的流畅性与适应性[1]。视障滑雪运动员在训练中可依赖导滑员的实时指令,增强团队配合与默契。

(四)灵活性与反应速度的提升

滑雪比赛中,灵活的身体反应和快速决策是核心能力。动态灵活性训练包括动态拉伸和多向跳跃练习,提升关节的灵活性和动作范围,使运动员在滑行中的动作更加连贯。反应速度训练结合高强度的反应练习(如障碍滑行和突发停顿训练),模拟复杂场地变化,提高运动员的快速反应能力。视障滑雪运动员可通过声音提示的反应训练,增强决策能力与反应速度。

第三节 残疾人高山滑雪关键技术研究与运动生物力学分析

高山滑雪是一项充满速度和技巧的竞技运动,尤其在残疾人高山滑雪比赛中,运动员需要在复杂多变的地形和不同的旗门间做出快速精准的技术调整。旗门转弯技术和滑行路线选择是高山滑雪比赛中决定运动员表现的关键因素之一。通过对残疾人高山滑雪运动员的旗门转弯技术、平衡与姿态控制和滑行路线优化与赛道适应性分析,可以揭示影响其表现的主要因素,并制定相应的优化策略,提升运动员的整体比赛成绩。

一、旗门转弯技术

在残疾人高山滑雪中,旗门转弯技术是影响运动员比赛成绩的核心环节。

---

[1] Spörri J K, Hermann Schwameder, Erich Müller. Turn characteristics of a top world-class athlete in giant slalom: a case study assessing current performance prediction concepts [J]. International Journal of Sports Science & Coaching, 2012, 7 (4): 647-659.

运动员必须在高速滑行中完成精确的方向调整和重心转移，保持速度和稳定性[1]。由于残疾人的身体条件和运动能力不同，导致其旗门转弯的技术表现和策略也存在显著差异。因此，深入分析这些运动学特征对于优化训练和比赛策略具有重要意义。

（一）转弯轨迹与速度控制

旗门转弯技术的核心在于如何通过滑行轨迹的选择保持速度与恢复[2]。运动生物力学分析中，转弯过程中身体的重心控制、轨迹选择以及速度的调节是关键因素。合理的滑行轨迹不仅可以最大限度地减少转弯时的速度损失，还可以通过肌肉力量的适时输出和调节，在转弯后迅速恢复速度。

从运动学的角度看，运动员在转弯过程中的速度变化与其滑行轨迹密切相关。较短的滑行轨迹通常意味着更快速的转弯和更大的速度变化，要求运动员具有更高的核心力量和灵活性，避免转弯过程中失衡或摔倒。运动员需要利用核心肌群的力量以及下肢的稳定性和协调性调整重心，从而实现顺畅的速度过渡和转弯控制。

为了进一步提高转弯技术的分析与训练，科技冬奥的研究设计者开发了基于惯性传感器和无人机的运动学测试系统，并应用该系统对坐姿高山滑雪运动员的滑行过程进行了视频采集与姿态捕捉。通过惯性测量单元（IMU）和差分GPS（图7-4）的结合，精确捕捉了运动员的质心运动轨迹，并与仿真结果对比分析。测试结果表明，合理的重心转移和滑行轨迹选择能够有效减少速度损失，提升整体滑行效率。在实际应用中，研究者将陀螺仪模块固定在运动员背部靠近质心的位置，利用无人机定点拍摄滑行全过程，结合GPS数据对旗门位置进行定位，保证了滑行轨迹的准确诊断和优化。

图7-4 IMU及GPS穿戴位置示意图

---

[1] Hydren J R, M, Volek J S, Maresh C M, et al. Review of strength and conditioning for alpine ski racing [J]. Strength and Conditioning Journal, 2013, 35 (1): 10-28.
[2] Lešnik MŽ, Blaž. The best slalom competitors - kinematic analysis of tracks and velocities [J]. Kinesiology, 2007, 39 (1): 40-48.

(二) 转弯半径与滑行效率

转弯半径是决定旗门转弯效率的重要参数之一[1]。较小的转弯半径可以减少滑行距离，但需要运动员具备更高的身体控制能力和稳定性，否则容易发生侧滑或速度骤降的问题。运动生物力学分析表明，较小的转弯半径需要运动员在短时间内施加更大的离心力，这要求下肢和核心肌群能够提供足够的力量抵消外力，防止失控。

另外，较大的转弯半径虽然可以保持更高的滑行速度，但会增加滑行轨迹的长度，从而影响整体滑行时间。运动生物力学研究指出，较大的转弯半径有助于减少转弯过程中的侧滑风险，但对身体的力量输出要求相对较低，这对于身体控制能力相对较弱的运动员来说，是更为安全和可行的选择。

基于惯性传感器的数据记录，研究人员通过精确测量运动员在不同转弯半径下的姿态角变化，分析了运动员的核心力量和下肢力量在不同滑行轨迹中的作用，进而优化了转弯半径的选择策略。通过对质心轨迹进行平滑处理，并与无人机视频采集的滑行画面进行同步分析，揭示了不同半径转弯对滑行效率的影响。训练方案中，可以根据运动员的个体能力，设计小半径和大半径转弯的交替训练，逐步提高其在复杂旗门设置下的适应能力。

(三) 转向点距旗门的垂直距离

转向点距旗门的垂直距离是决定旗门转弯表现的另一个关键因素。合适的转向点可以帮助运动员在转弯过程中保持较高的滑行速度并减少速度损失。运动生物力学研究中，转向点的选择直接影响运动员如何调整滑行轨迹和重心，确保转弯的稳定性和速度恢复的有效性。

为了准确反映运动员的质心运动轨迹及转向点位置，本研究采用差分GPS定位系统，对运动员滑行过程中3个目标旗门的位置进行了精确定位，并将惯性导航系统与无人机视频解析结果进行同步。通过视频分析系统，研究人员能够实时查看运动员滑行中的姿态角变化和重心转移过程，结合仿真系统提供的运动轨迹建议，帮助运动员在训练中找到最合适的转向点，并进行有效的技术调整。

在训练实践中，教练可以利用上述系统，对运动员在不同转向点的表现进行实时监控和反馈。通过逐帧播放视频，结合惯导数据，教练员和运动员可

---

[1] Fasel J S, Benedikt, Gilgien M, Boffi G, Chardonnens J, Müller E, Aminian K. A magnet-based timing system to detect gate crossings in alpine ski racing [J]. Sensors (Basel), 2019, 19 (4): 940-949.

以深入分析滑行轨迹的偏差,并根据分析结果优化运动员的转向技术,确保在实战中更高效地通过旗门。

二、平衡与姿态控制

在高山滑雪比赛中,平衡与姿态控制是保障速度和稳定性的基础。运动员需要在高速下保持身体的稳定和协调,避免因失衡造成滑行速度损失和意外跌倒[1]。运动生物力学研究中,平衡控制的核心在于对身体各部分重心的调整和力量的协调输出。

(一)核心力量与下肢协调的动力学分析

核心力量和下肢的协调性是高山滑雪中保持平衡和姿态稳定的关键。运动生物力学分析表明,运动员在高速滑行和转弯时,需要通过核心肌群的快速收缩与放松调整身体的重心位置,同时通过下肢的协调发力保持滑行的稳定性和速度。

训练中可以通过针对性的核心力量训练(如动态平板支撑、反向卷腹等)和下肢力量的专项训练(如深蹲、单腿平衡练习)提高运动员的稳定性和爆发力。结合视频分析和肌电图反馈,优化肌肉发力顺序和协调性,提高运动员的重心控制能力和姿态稳定性。

(二)神经肌肉控制与反应时间的肌电分析

神经肌肉控制和反应时间是高山滑雪中应对快速变化的赛道环境的关键能力。运动生物力学分析中,神经系统需要对来自外部环境的刺激(如坡度变化、障碍物等)做出快速反应,调整肌肉的激活模式和发力策略,保持滑行的流畅性和稳定性[2]。

通过肌电分析可以发现,不同的神经肌肉控制模式是如何影响运动员的反应时间和动作精准度的。训练中可以结合快速反应训练、动态视觉追踪训练和神经肌肉协调训练,帮助运动员在比赛中提高应对复杂环境的速度和效率。

三、滑行路线优化与赛道适应性分析

在高山滑雪比赛中,滑行路线的选择和赛道适应性是影响运动员成绩的重

---

[1] Kim S, Y C, Kim G. Correlations between biomechanical characteristics, physical characteristics, and the ability to maintain dynamic sitting balance on an unstable surface in the disabled with spinal cord injury [J]. Journal of the Ergonomics Society of Korea, 2014, 33 (1): 15-25.

[2] Hirano Y. Quickest descent line during alpine ski racing [J]. Sports Engineering, 2006, 9: 221-228.

要因素。残疾运动员需要根据赛道特征、个人技术水平以及身体状况，选择最佳滑行路线，实现高速度与稳定性的平衡[1]。运动生物力学研究提供了对不同滑行路线的能量消耗、速度控制和身体协调等因素的深入分析，帮助优化训练和比赛策略。

（一）滑行路线与能量消耗的动力学优化

滑行路线的选择直接影响运动员的能量消耗和速度变化。生物力学分析表明，直线路径有助于缩短滑行距离，但对核心肌群和下肢力量的要求较高；而较曲折的路线则可以有效控制速度，降低能量消耗。

不同残疾类型的运动员需结合自身的身体特点优化滑行路线。例如，在较陡峭的赛道上，曲折的路线更适合减少重心不稳引起的失误，而平缓赛道上可采用直线路径，以最快速度输出。训练中通过赛道模拟与动态平衡练习，运动员可以逐步提高其对能量管理和路线选择的理解和控制。

（二）赛道适应性与技术调整的运动学分析

实际比赛中的赛道复杂多变，要求运动员具备较强的赛道适应性和动态调整能力。运动生物力学分析揭示了运动员通过重心调整和力量分配适应赛道变化的方法。特别是在地形复杂的区域，运动员需要迅速判断坡度和旗门分布，进而选择合适的技术调整策略。

针对残疾运动员的技术调整训练可通过模拟复杂地形条件，结合不同的转弯策略（如Z型和S型），帮助运动员提高动态平衡和转弯能力。个性化滑行路线选择还需考虑不同的残疾特征，如较强的转弯技术和较快的转变速度恢复能力适合使用Z型路径，而转弯较慢但更注重稳定性的运动员可选择S型路径，确保滑行过程的流畅性。

（三）个性化滑行路线的制定与优化

滑行路线选择需根据残疾类型、身体能力和赛道特点进行个性化定制，提升比赛表现。运动生物力学分析能帮助运动员识别最佳滑行路线，进一步通过模拟训练调整策略。例如，LW10和LW11级别的运动员可通过缩小转弯半径提升滑行速度，而LW12级运动员则可选择更大的转弯半径，在降低速度损失的同时保持稳定性。

---

[1] Juriga B J, Yang Y S, De Luigi A J. Adaptive Alpine Skiing and Para-snowboarding [M]. Adaptive Sports Medicine. 2017: 251-299.

通过赛道模拟和比赛场景练习，运动员可探索不同的滑行路线，优化转弯轨迹和速度控制策略，找到最佳路线方案。

第四节 残疾人高山滑雪运动员的损伤特征与预防策略研究

随着残疾人高山滑雪的普及，运动损伤预防成为研究的重点。由于残疾运动员在滑行方式和身体功能上的特殊性，高速滑行和复杂地形使其损伤风险显著增加[1]。通过分析其损伤特征和原因，可以帮助制定有效的预防策略，提高运动员的表现并降低风险。

一、残疾人高山滑雪运动员的损伤特征

（一）损伤发生率与严重程度

残疾运动员的损伤发生率较高，这主要与滑雪项目的速度和技术难度有关。缺乏特定肢体的支撑使运动员在急转弯和高速冲刺时容易受伤，常见的严重损伤包括骨折、韧带撕裂和脱位。

（二）损伤部位与类型

不同残疾类型影响损伤部位。坐姿滑雪运动员常见肩关节和上肢损伤（如肩关节脱位、肩袖损伤），而站姿滑雪运动员多见下肢损伤（如膝盖和踝关节扭伤）。视障滑雪运动员依赖听觉指令，容易因反应迟缓导致摔倒或碰撞，引发脑震荡或头部创伤。

（三）损伤机制

坐姿滑雪运动员主要依赖上肢推力和核心力量完成转弯和减速，这导致上肢和腰部易受损伤。站姿滑雪运动员频繁的重心调整增加了肌肉疲劳风险。视障滑雪运动员则因依赖导滑员指令，容易因沟通失误导致失控受伤。

二、残疾人高山滑雪运动员的损伤预防策略

科学的预防策略可有效减少运动损伤并提高运动表现。

---

[1] 李智鹏，宋文利，马怡冰，等. 我国残疾人高山滑雪运动员运动损伤特征与预防措施的研究[J]. 冰雪运动，2021，43（3）：26-30.

(一) 体能训练与增强核心力量

核心力量训练至关重要,有助于提高运动员在急转弯和高速度滑行中的稳定性。针对坐姿滑雪运动员,核心与上肢力量训练应并重;站姿滑雪运动员则应强化腿部和关节的稳定性,减少因不对称负荷导致的损伤。

(二) 优化技术与改进滑行策略

优化滑行技术可降低损伤风险。坐姿滑雪运动员可通过生物力学分析,改善转弯轨迹和姿态;视障滑雪运动员需提高与导滑员的配合,确保指令清晰。选择适当的滑行策略如 S 型滑行,可降低激进滑行对身体的应力。

(三) 选择和优化器材

选择合理的器材能降低损伤发生率。滑雪板应具备稳定性,滑雪固定器需适应运动员的发力情况,确保安全。坐姿滑雪运动员的滑雪板设计应稳定宽大,减少倾翻风险,滑雪鞋则需考虑舒适性和固定性,确保表现和安全性。

第八章 残疾人单板滑雪

第一节 残疾人单板滑雪的历史、分类与发展

残疾人单板滑雪（图8-1）是一项结合速度、技巧和策略的高难度冬季运动，自其在冬残奥会上设立以来，迅速成为残奥赛事的亮点之一。与传统的双板滑雪相比，单板滑雪有着独特的滑行方式、技术动作和比赛策略。运动员需要在单板上完成滑行、跳跃和旋转等动作，这对平衡能力、反应速度及技术精准度有较高要求。残疾人单板滑雪项目还根据不同残疾类型调整滑行姿态和策略，因此需要更加个性化的训练和技术优化。

图8-1 残疾人单板滑雪

一、残疾人单板滑雪的起源与发展历程

残疾人单板滑雪起源于20世纪80年代，当时单板滑雪在欧美迅速流行，成为挑战自我和探索身体极限的运动方式。残疾人单板滑雪最早在北美和欧洲滑雪胜地兴起，运动爱好者通过改造传统滑雪技术以适应自身需求，逐渐摸索出专为残疾人设计的技巧和方法。

20世纪80年代末90年代初，残疾人单板滑雪逐渐转向竞技，特别是在北美，一些滑雪学校和俱乐部开始提供专业课程，提高运动员的竞技水平。尽管早期缺乏统一标准和规则，但随着参与者增加和技术提升，这项运动逐渐吸

引了国际残疾人体育组织的关注。

1997年，国际残疾人滑雪协会（ISOD）在瑞士圣莫里茨举办首届国际残疾人单板滑雪锦标赛，标志着其走向国际化。比赛规则和装备要求逐步规范，更多国家将其纳入残疾人体育体系。21世纪初，国际残疾人体育联合会（IPC）和国际残疾人滑雪委员会进一步推动其发展。2008年，IPC正式接管残疾人单板滑雪，制定分级制度和比赛规则。2014年，索契冬残奥会将单板滑雪列为正式项目，2018年平昌冬残奥会上，将该项目进一步独立，包含坡面回转（Banked Slalom）和障碍追逐（Snowboard Cross）两项。

二、残疾人单板滑雪的分级标准与损伤类别

（一）分级标准

随着残疾人单板滑雪的发展和竞技水平的提升，分级标准逐渐细化和完善，确保比赛的公平性和竞争性。根据运动员的残疾类型和功能受限程度，将残疾人单板滑雪运动员分为三个等级：上肢残疾（SB-UL）、下肢膝关节以上截肢（SB-LL1）、下肢膝关节以下截肢（SB-LL2）。这些分级标准随着运动项目的普及和国际赛事的推广逐步演进，体现了对不同残疾类型运动员参与机会的公平考虑。

最初的分级系统较为简单，仅根据基本的身体功能障碍进行分类。随着时间的推移，分级系统逐渐细化，更好地反映了运动员的残疾类型和功能状态。具体分级要求如下。

1. SB-UL

适用于上肢功能严重受限的运动员，如腕关节以上截肢或先天性缺失。早期仅以截肢程度为标准，后来逐渐引入肌力、关节活动度和肌张力的评估，更全面地评估运动员的实际能力。

2. SB-LL1

适用于下肢功能严重受限的运动员，如膝关节以上截肢或双侧踝关节以上截肢。最初的标准主要基于截肢的高度，后来增加了对肌力评分、肌张力水平和关节活动范围的细化评估，以便更准确地匹配运动员的实际情况。

3. SB-LL2

适用于下肢膝关节以下截肢的运动员，如单侧踝关节以上截肢。评估标准

从单一的截肢部位拓展到包括肌力评分、肌张力水平和双下肢长度差等更具体的功能性评估指标,确保每位运动员都在公平的条件下参赛。

(二)损伤类别

在残疾人单板滑雪的分级过程中,损伤类别是决定运动员所属等级的重要因素。不同的损伤类别和程度直接影响运动员的运动能力和滑雪技术表现,从而成为分级评定的重要依据。表8-1是残疾人单板滑雪项目运动员损伤类别,这些分类是分级标准的重要参考。

表8-1 残疾人单板滑雪项目运动员损伤类别

损伤类别	导致损伤原因
肌力损伤	脊髓损伤(完全或不完全,四肢瘫或偏瘫),肌营养不良,脊髓灰质炎和脊柱裂
肢体缺失	创伤性截肢,因骨骼疾病或神经机能障碍而导致的截肢,先天性肢体短小或缺失
双下肢不等长	发育异常和先天性或(于骨生长期)外伤致肢体发育障碍
肌张力增高	脑瘫,创伤性脑损伤和脑卒中
共济失调	脑瘫,创伤性脑损伤,脑卒中和多发性硬化症
手足徐动	脑瘫,创伤性脑损伤和脑卒中
被动关节活动度损伤	慢性关节疾病或创伤导致的关节弯曲和挛缩,导致被动关节活动度受限

三、技术创新与装备演进

残疾人单板滑雪的技术发展与装备演进密不可分[1]。由于运动员的残疾类型和运动需求不同,装备的设计需要具备更高的适应性和安全性。单板滑雪的装备创新主要集中在滑雪板的材料、形状、固定器设计、安全防护系统和智能辅助设备的应用上。

(一)滑雪板的材料创新与形状优化

残疾人单板滑雪的滑雪板在材料上经历了从传统木材和玻璃纤维复合材料

---

[1] Busse B S. Snowboarding's Paralympic Debut: An Overview of Para-Snowboarding in Sochi 2014 [J]. PALAESTRA, 2014, 28 (2): 5545.

到碳纤维增强树脂材料的演进。现代滑雪板采用高强度、轻量化的复合材料，使其在保证强度和耐用性的同时大幅度降低了重量，提高了运动员的滑行效率。滑雪板的形状也根据残疾人运动员的需求进行优化设计，如用更宽的板面和更短的板长提高稳定性和操控性，适合下肢力量不足或需要更高稳定性的运动员。此外，一些滑雪板还增加了可调节的弯度设计，使运动员能够根据雪况和个人技术水平调节板的柔韧性，实现最佳的滑行效果。

（二）滑雪固定器与安全防护系统的改进

滑雪固定器在残疾人单板滑雪中至关重要。由于运动员的残疾类型各异，固定器的设计需要提供更安全和个性化的固定效果。现代单板滑雪固定器采用多点调节系统，可以根据运动员的腿部力量和关节活动度进行调整，确保在高速滑行和做复杂动作时提供足够的支撑和安全性。此外，智能固定器集成了传感器，可以实时监测固定器的受力情况和角度变化，及时提醒运动员或教练员调整姿势和技术，防止因动作失误或设备故障引发的运动损伤。

（三）智能辅助设备的应用

随着科技的发展，智能辅助设备在残疾人单板滑雪中的应用日益广泛。智能护具（如护膝、护腕、护背）集成了冲击传感器，可以在运动员摔倒或碰撞时自动调节防护硬度，减少损伤的风险。智能滑雪眼镜则配备了增强现实（AR）技术，能够在滑行过程中提供实时的路线指引、速度显示和旗门信息提示，帮助运动员在复杂的赛道中做出快速反应。此外，智能滑雪服装内置的生物监测系统可以实时监控运动员的体温、心率、血氧饱和度等生理数据，为教练员和运动员的训练和比赛策略提供科学依据。

四、残疾人单板滑雪的分类与技术特点

根据运动员的残疾类型和比赛项目的要求，残疾人单板滑雪主要分为下肢残疾（坐姿）、上肢残疾（站姿）和视障单板滑雪三类，每一类有其独特的技术特点和挑战。

（一）下肢残疾（坐姿）单板滑雪

下肢残疾滑雪运动员通常使用特制的坐姿滑雪板进行比赛，滑行过程中需要依靠上肢力量和核心力量进行操控和转弯。坐姿单板滑雪技术的核心在于如何通过上肢力量的精准控制和重心的快速调整，完成高速滑行中的复杂动作和

通过旗门。训练中，需要特别加强上肢力量、核心稳定性和手眼协调能力的训练，提高其操控滑雪板的精准度和稳定性（图8-2）。

图8-2　男子滑降（坐姿）赛况

（二）上肢残疾（站姿）单板滑雪

上肢残疾滑雪运动员在单板滑雪中使用常规滑雪板，但需要依赖健全的下肢力量来保持平衡和完成转弯动作。站姿单板滑雪的技术要求更侧重于下肢力量、身体的平衡能力和神经肌肉的协调性。由于一侧肢体可能存在功能缺失或严重受限，运动员需要在不对称的状态下进行滑行，这对重心转移的精确度和下肢力量的分布提出了更高的要求（图8-3）。

图8-3　男子全能（站姿）赛况

（三）视障单板滑雪

视障单板滑雪运动员通常与导滑员组成团队完成比赛。导滑员通过耳机指引或无线电对讲为视障滑雪运动员提供赛道信息和滑行指导。这种比赛形式要求运动员和导滑员之间具备高度的信任和默契，运动员不仅需要扎实的滑雪基本功，还需具备快速反应能力和优秀的听觉判断力。训练重点在于提高运动员的听觉感知能力和导滑员的指令精准度，同时强化双方的协作和心理沟通能力（图8-4）。

图 8-4 女子视障单板滑雪赛况

第二节 残疾人单板滑雪运动员的生理特征与技术需求

残疾人单板滑雪是一项结合速度、力量、技巧和战术的高难度竞技运动。根据运动员的残疾类型和分级特点，残疾人单板滑雪运动员需要通过科学的训练和技术优化充分发挥其身体潜能，克服残疾带来的限制，在赛场上取得优异成绩。

一、残疾人单板滑雪运动员的生理特征

单板滑雪对运动员的力量、平衡、耐力和灵活性等身体素质有较高要求。由于残疾人单板滑雪运动员的残疾类型和分级各不相同，其生理特征也各具特点[1]。以下是不同分级残疾人单板滑雪运动员的主要生理特征。

（一）SB-UL 运动员的生理特征

上肢功能受限与下肢依赖：SB-UL 运动员上肢功能严重受限（如腕关节以上截肢），这意味着他们在单板滑雪中无法使用上肢进行平衡和推动。因此，这类运动员通常依赖下肢的力量和核心肌群的控制完成滑行动作。下肢的爆发力和持久力尤为重要，有助于他们在快速转向和滑降中保持稳定。核心肌肉的力量和控制能力也决定了他们在滑行过程中的平衡和安全性。

（二）SB-LL1 运动员的生理特征

核心力量与下肢截肢影响：SB-LL1 运动员通常是膝关节以上截肢或双侧踝

---

[1] 刘浩. 国家残奥单板滑雪男子 UL 级运动员体能评价体系研究 [D]. 上海：上海体育学院，2022.

关节以上截肢，这对下肢平衡能力产生了重大影响。由于失去了部分或全部的下肢功能，这些运动员必须依赖强大的核心力量和上肢力量完成滑行操作。

（三）SB-LL2运动员的生理特征

单腿控制与平衡挑战：SB-LL2运动员通常是膝关节以下截肢，这要求他们在滑行过程中具备卓越的单腿平衡能力和协调性[1]。由于截肢部位位于膝关节以下，这些运动员依然可以部分使用大腿和髋关节的力量来推动和转向。

二、残疾人单板滑雪运动员的技术需求与生理适应

为了在单板滑雪中取得优异的成绩，残疾运动员需要根据自身的生理特点和残疾类型，重点发展与滑雪技术紧密相关的身体能力。

（一）力量与耐力

核心与下肢的力量发展：单板滑雪需要强大的爆发力和持久力，尤其是在障碍追逐和坡面回转等需要快速启动、急停和转弯的项目中，运动员必须具备卓越的核心力量和下肢力量。SB-UL运动员需要进一步加强下肢的力量和耐力，弥补上肢功能的缺失。SB-LL1和SB-LL2运动员的核心和上肢力量训练同样重要，帮助他们在复杂赛道条件下保持稳定。

（二）平衡与协调能力

单板滑雪中的动态平衡训练：平衡和协调是单板滑雪的核心技术要求，尤其是在障碍滑雪中，运动员必须快速调整身体以避开障碍物。SB-LL1和SB-LL2运动员需要特别注重单腿平衡和核心控制训练，以便在单板滑雪中保持稳定，而SB-UL运动员由于上肢的限制，需要更多依靠下肢和核心肌群实现平衡，平衡训练对他们来说至关重要。

（三）灵活性与反应速度

复杂赛道条件下的灵活应对：单板滑雪是一项极需灵活性和快速反应的运动，尤其是在比赛过程中，运动员必须迅速应对不同的地形和雪况。运动员在训练中需提高关节的灵活性和肌肉的反应速度，以应对滑行过程中频繁的身体姿势调整和快速转弯需求。

---

[1] 马卓心.加压抗阻训练对我国冬残奥单板滑雪LL2级别运动员下肢肌力平衡影响的研究[D].上海：上海体育学院，2022.

（四）耐力与心肺功能

持续高强度滑雪中的耐力要求：尽管单板滑雪比赛的每一回合持续时间不长，但高强度的爆发性动作对运动员的耐力和心肺功能提出了挑战。特别是在障碍追逐项目中，运动员需持续应对高强度的滑行和转弯。

三、残疾人单板滑雪运动员的体能与技术整合训练

针对残疾人单板滑雪运动员的生理特征和技术需求，综合的体能和技术训练计划是提高运动表现的关键。以下是一些有效的整合训练方法。

（一）综合力量训练

训练计划应包含核心力量、上肢和下肢的综合力量训练。SB-UL 运动员重点训练下肢和核心力量，采用复合动作如深蹲、硬拉和桥式训练。SB-LL1 和 SB-LL2 运动员需注重核心与上肢的稳定性和爆发力训练，通过结合功能性力量训练提升滑雪中的平衡和操控能力[1]。

（二）平衡与协调训练

使用不稳定器械（如平衡板、健身球）进行动态平衡和核心训练，有助于各级别运动员在滑行中的姿势控制和方向调整。SB-LL1 和 SB-LL2 运动员还需进行单腿平衡训练，模拟滑行时的重心转移。

（三）专项耐力训练

结合高强度间歇训练（HIIT）、山地骑行和雪地模拟训练等方式，增强运动员的耐力和心肺功能。SB-UL 运动员需通过不同的滑行模拟训练，增强其在疲劳状态下的操控能力，而 SB-LL1 和 SB-LL2 运动员则需强化在长时间滑行中的稳定性和动作精准度。

（四）反应速度与灵活性训练

反应速度和灵活性对于应对复杂赛道至关重要。训练中可通过快速指令反应、障碍回避模拟等方式提升运动员的决策速度和身体反应能力。SB-UL、SB-LL1 和 SB-LL2 运动员需特别重视灵活性训练，通过动态和静态拉伸、快速变向练习，增强赛场应变能力。

---

[1] 吕程. 中国残疾人单板滑雪运动员核心力量训练应用研究［D］. 哈尔滨：哈尔滨体育学院，2020.

第三节 残疾人单板滑雪关键技术研究与运动生物力学分析

单板滑雪是一项综合了滑雪技巧、力量、耐力与协调性的冬季运动项目。对于残疾运动员来说，由于其不同的残疾类型和程度，单板滑雪的技术要求和生物力学分析具有特定的研究价值。在残疾人单板滑雪的比赛中，运动员需要在复杂多变的雪道环境中保持平衡和控制，完成障碍回转、跳跃及快速滑行等动作[1]。因此，理解单板滑雪的关键技术和运动生物力学特征，对于优化残疾运动员的训练计划和提高比赛成绩具有重要意义。

一、单板滑雪的关键技术

残疾人单板滑雪的技术要求与普通单板滑雪相似，但需根据残疾类型对技术动作进行特定调整。以下是残疾人单板滑雪中的几项关键技术，以及它们在运动表现和战术执行中的重要性。

（一）回转技术

回转技术（Turning Techniques）是单板滑雪的基础动作之一，通过重心的转移和对雪板边刃的精确控制，实现滑雪者向左右方向的快速转向。对于残疾运动员，尤其是下肢残疾者，回转技术中的转移重心和维持平衡至关重要。回转时，运动员需要根据赛道的变化和旗门的位置灵活调整转向角度，这要求其在雪板的前刃和后刃之间快速转换，保持滑行的稳定性和速度。在这一过程中，核心肌群的力量和上肢的补偿作用显得尤为重要（图8-5）。

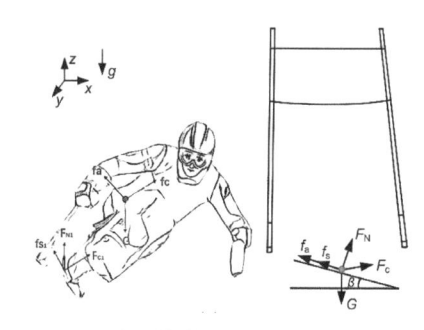

图8-5 旗门转弯过程受力分析图

（二）换刃技术

换刃技术（Edge Change Techniques）是单板滑雪中实现连续滑行轨迹的

---

[1] 冯越，李梦洁. 残疾人单板滑雪UL级别障碍追逐大跳台技术的关节角度变化特征分析[C].// 中国体育科学学会运动训练学分会. 2022年全国运动训练学术研讨会摘要集（二）. 太原：山西师范大学体育学院，2022：1.

关键动作。运动员在滑行时，需要频繁地从一个边刃切换到另一个边刃，以适应不同的赛道地形和节奏。残疾运动员的换刃动作要根据残疾类型调整，关键在于保持重心的稳定以及控制雪板与雪面的接触压力。对于上肢残疾的运动员，良好的核心控制和下肢协调性是确保快速而平稳换刃的基础。换刃的时机和速率直接影响运动员在赛道上的滑行效率和速度。

（三）施压与立刃技术

施压与立刃技术（Pressure and Edge Set Techniques）是指在滑行过程中通过边刃对雪面的压力变化控制滑行方向和速度的技术动作。通过精确控制施加在雪板边刃上的压力，运动员可以有效调整滑行路径，减少滑行中的能量消耗并提高转弯的稳定性。对于下肢残疾的运动员，尤其是膝关节截肢者，利用假肢或健侧肢体进行施压和控制立刃的力量、角度，需要特别的训练和调整。此时，健全的核心肌肉和上肢的力量可以帮助其在立刃和施压时更加稳定。

（四）跳跃与腾空技术

在单板滑雪障碍追逐和坡面技巧项目中，跳跃与腾空技术（Jumping and Aerial Techniques）动作非常关键。这类动作需要运动员在滑行中突然发力，实现身体腾空并完成空中技巧动作。残疾运动员在跳跃时，除了要保持良好的起跳力量和身体姿态外，还要特别注意在空中平衡和落地时的控制。下肢力量不足或上肢缺失的运动员需要通过强化核心力量和肌肉协调性，弥补在腾空和着陆时的平衡控制。

（五）曲道滑行与换向技术（Halfpipe Riding and Direction Change Techniques）

在曲道滑行（如U型池）和其他连续转向的滑行项目中，单板滑雪运动员需要通过快速的换向和立刃动作适应赛道的曲度变化。残疾运动员在这些高强度、高技术要求的赛道中滑行，需要更精确的时间控制和空间判断能力。这类技术动作要求身体的各部分协调运动，特别是对下肢和核心区域的爆发力和控制力提出了更高的要求。

二、残疾人单板滑雪运动生物力学特征分析

残疾人单板滑雪的生物力学分析涵盖多个层面，包括运动学、动力学、肌电分析以及生理负荷等方面。通过这些角度的分析，可以深入了解残疾运动员

在执行单板滑雪关键技术动作时的运动特点、力学需求以及肌肉协调模式[1,2]。这些分析为优化技术动作和改进训练方法提供了科学依据。以下从运动生物力学的主要方面对残疾人单板滑雪的关键技术进行了分析。

(一) 运动学分析

运动学分析主要研究运动员在执行滑行、回转、换刃、施压和跳跃等关键技术动作时的位移、速度、加速度、角度变化以及运动轨迹。由于残疾类型不同，残疾运动员的运动模式会存在显著差异，运动学分析帮助我们了解这些差异如何影响运动表现。

1. 回转与换刃运动学分析

回转和换刃动作是单板滑雪中至关重要的技术环节。运动员在执行这些动作时，需要准确地转移重心和控制雪板边刃角度，保持滑行的流畅性和速度。高速摄像与三维动捕系统能够捕捉运动员在回转和换刃过程中各关节的角度变化及其变化速率，分析各级别残疾运动员（如 SB-LL1、SB-LL2、SB-UL 级别）如何通过不同的身体控制策略完成这些动作。

2. 跳跃与腾空运动学分析

跳跃和腾空是复杂且对运动员要求较高的技术动作，尤其在障碍追逐项目中。跳跃技术的运动学分析侧重于起跳角度、腾空高度、腾空时间、身体姿态变化轨迹等指标，评估运动员在空中和着陆时的姿态控制和稳定性。这些数据可以帮助我们理解不同残疾类型对跳跃能力的影响，并为优化跳跃训练提供方向。

(二) 动力学分析

动力学分析主要研究运动员在执行技术动作时的受力情况和力的分布，包括外部力（如地面反作用力、空气阻力）和内部力（如肌肉力量、关节力矩）。对于残疾人单板滑雪运动员，动力学分析能够揭示他们如何在技术动作中调整力的分布，补偿身体功能的缺失或限制。

1. 施压与立刃的动力学分析

施压和立刃是通过雪板边刃与雪面之间的相互作用控制滑行方向和速度的关键动作。在这些动作中，运动员需要通过调整重心和边刃的压力，优化雪板

---

[1] 李健，侯亚丽，孟春雷，等. 残奥单板滑雪出发阶段的运动生物力学分析——基于北京冬残奥会运动员武中伟的测试结果 [J]. 冰雪运动，2023，45（3）：32-40；45.
[2] 孙冬，赵亮，黄莹，等. 运动生物力学视角下残疾人体育竞技表现提升研究进展 [J]. 体育科学，2020，40（5）：60-72.

的抓地力和稳定性。动力学分析可以使用测力台或便携式力传感器,测量在不同施压策略下的力变化,分析残疾运动员如何调整自身的重心位置和边刃角度,以获得更好的滑行效果。

2. 跳跃落地的动力学分析

跳跃落地时,运动员的下肢和躯干需要承受较大的冲击力。利用测力板和其他力学测试设备,可以分析落地时的冲击力大小及其在身体不同部位的分布。分析这些数据可以帮助理解如何通过调整姿态、增强核心力量等策略减少落地时的损伤风险,特别是对 SB-LL1 级别和 SB-UL 级别的运动员。

(三) 肌电分析

肌电图(EMG)分析通过测量肌肉在运动过程中产生的电信号研究肌肉的激活模式和发力特点。残疾人单板滑雪运动员在完成技术动作时需要特定的肌肉协调和补偿机制,肌电分析可以揭示这些策略的具体实施过程[1,2]。

由于残疾运动员的残疾类型不同,所以他们在执行技术动作时需要通过特定肌肉群的额外发力补偿缺失的功能。肌电分析可以记录在回转、换刃、施压等动作中,不同肌肉(如肱二头肌、股四头肌、腹直肌等)的激活顺序、持续时间和强度,比较各级别运动员的主要发力肌群及其贡献率和发力一致性[3]。这些数据有助于揭示不同残疾类型运动员的发力特点,指导其在训练中进行有针对性的肌力提升和协调性训练(图 8-6)。

图 8-6 单板滑雪训练现场肌电测试

---

[1] 李健,侯亚丽,孟春雷,等. 残疾人单板滑雪运动员李甜甜出发门技术的肌电特征分析[C]// 第二十二届全国运动生物力学学术交流大会论文摘要集,2022.

[2] 强丽英,侯亚丽,孟春雷,等. 纪立家单板滑雪出发门技术的肌电特征分析[C]//第二十二届全国运动生物力学学术交流大会论文摘要集,2022.

[3] 李健,强丽英,焦明月,等. 基于肌电特征对优秀残奥单板滑雪运动员出发门技术的训练指导[C]//第二届中国青少年体能高峰论坛墙报交流论文集,2022.

（四）生理负荷与代谢分析

生理负荷与代谢分析主要关注运动员在运动过程中的能量消耗、心血管反应、肌肉疲劳和恢复能力等生理状态的变化。结合其他生物力学数据，可以全面评估运动员的体能和训练适应性。

在高强度滑行或比赛过程中，残疾人单板滑雪运动员的心率、血乳酸浓度等生理指标会产生显著变化，反映出不同运动强度下的体能消耗情况。监测这些数据能够帮助教练员和运动员了解不同训练负荷对体能的影响，合理安排训练计划，确保运动员在比赛期间保持最佳状态。

第四节　残疾人单板滑雪运动员的损伤特征与预防策略研究

残疾人单板滑雪集速度、技巧和耐力于一体，具有极高的技术要求。残疾运动员因身体协调性和稳定性受限，在该项目中更容易受伤。因此，深入了解其损伤特征并制定针对性的预防策略至关重要[1,2]。

一、残疾人单板滑雪运动员的损伤特征

残疾人单板滑雪运动员的损伤特征受残疾类型、功能受限程度以及地形和气候环境的影响，主要损伤部位包括下肢、上肢、脊柱和头部。

（一）下肢损伤

下肢残疾（LL级别）运动员常面临膝关节和踝关节损伤风险，如韧带撕裂、半月板损伤和跟腱炎等，主要因假肢适配性差导致压力分布不均。此外，因单侧肢体过度负荷，健侧肢体易出现肌肉劳损和疲劳性损伤。

（二）上肢损伤

上肢残疾（UL级别）运动员在滑行中依靠单侧上肢维持平衡，因此易发生肩部和手腕损伤，如肩袖撕裂、肩关节脱位等。此外，单侧用力会导致上肢肌肉劳损。

---

[1] 刘美含，吴雪萍，丁海勇，等．冬残奥运动项目损伤特征、风险因素及预防措施［J］．武汉体育学院学报，2021，55（2）：93-100．
[2] 高璨，张建红，孙驰宇，等．中国冬残奥会运动员夏训中的运动损伤流行病学研究［J］．当代体育科技，2023，13（9）：10-15；32．

（三）脊柱损伤

滑雪中完成腾空、跳跃和落地动作时，残疾运动员的腰椎和颈椎承受较大冲击力，可能造成腰椎间盘突出或颈椎损伤。

（四）头部损伤

头部损伤是该运动最为严重的风险之一，因滑行速度快、地形复杂，摔倒或失控易导致脑震荡或严重颅脑外伤。视力残疾（B级别）运动员更易因视觉反馈缺失增加此风险。

二、损伤原因分析

残疾人单板滑雪运动员的损伤源自多种因素，包括技术动作不稳、肌肉力量不足、赛道环境和装备适配性不佳，以及疲劳恢复不充分。

（一）技术动作不当

因协调性差，运动员在完成转弯、腾空等动作时，重心偏移和刃压不足会增加关节和肌肉应力，易导致损伤。

（二）力量与稳定性不足

肌肉力量和关节稳定性对减少损伤至关重要。残疾运动员因肢体力量分布不均，导致核心力量不足，增加身体失稳风险。

（三）赛道和装备因素

赛道条件变化、假肢和滑雪板适配性差会加剧运动员的失稳或摔倒风险，从而增加损伤概率。

（四）疲劳与恢复不足

高强度训练和比赛积累的疲劳会影响动作精确度，增加运动损伤概率，而恢复不充分会进一步加剧受伤风险。

三、损伤预防策略

针对残疾人单板滑雪运动员的损伤特征，应综合考虑残疾类型和运动特点，制定科学的预防策略。

（一）力量与稳定性训练

根据残疾类型制定个性化的核心力量和稳定性训练方案，如加强核心肌群和肩袖肌肉训练，提高运动员的平衡性与稳定性。

（二）技术动作优化

通过运动分析技术识别动作薄弱环节，并优化滑行、转弯等动作。对于视力残疾的运动员，可结合导滑员的反馈，提高动作精准度。

（三）装备适配与防护

确保滑雪装备符合运动员身体特点，增强假肢和护具的适配性，提升滑行中的安全性。

（四）训练负荷管理与恢复

科学安排训练和比赛负荷，确保充分的拉伸、按摩，以及充足的营养，帮助运动员在最佳状态下进行训练和比赛。

第九章

轮椅冰壶

第一节　轮椅冰壶的历史、分类与发展

轮椅冰壶（图9-1）是一项适合肢体残疾者的冰上运动，自2006年被正式纳入冬季残奥会以来，迅速发展为一项备受瞩目的残疾人冰上竞技项目。与传统冰壶一样，轮椅冰壶强调策略性、团队协作和精准投壶能力，但由于参赛者必须依靠轮椅进行比赛，运动员在比赛中不允许擦冰，这对他们的投壶技术和战术选择具有更高的要求。轮椅冰壶的比赛规则、分类和装备设计都为下肢功能受限的运动员量身定制，体现了残疾人体育运动的包容性和多样性[1]。

图9-1　轮椅冰壶

一、轮椅冰壶的起源与发展历程

轮椅冰壶起源于20世纪90年代，旨在为肢体残疾的运动员提供冰上运动的机会。冰壶运动本身始于16世纪的苏格兰，经过发展，逐渐延伸到残疾人体育。加拿大和北欧国家率先于20世纪90年代开展轮椅冰壶，最初作为康复

---

[1] 冯亚杰，李一澜，高平. 轮椅冰壶项目备战2022年北京冬残奥会的国际格局、国内现状与基本策略研究[J]. 中国体育科技，2020，56（12）：72-77.

第九章 轮椅冰壶

和社交活动。1998年，国际冰壶联合会（WCF）正式认可该项目，并在2000年举办了首届国际赛事。

2006年都灵冬季特奥会将轮椅冰壶列为正式比赛项目，极大地推动了其在全球的发展。此后，加拿大、瑞典、韩国、挪威和中国等国家逐渐建立了完善的训练与竞赛体系，轮椅冰壶成为高度专业化的竞技运动。

随着国际冰壶联合会和残疾人体育组织的推动，轮椅冰壶的比赛体系不断规范化，涵盖区域赛、世锦赛和残奥会等赛事。同时，其分级标准也逐步演进，以保证公平性。早期分类以残疾类型为主，但随着竞技水平的提升，国际冰壶联合会引入了对肌力、肌张力和协调功能等多维度的评估标准，确保了比赛的科学性和合理性。

二、轮椅冰壶的分级标准与损伤类别

为保证轮椅冰壶比赛的公平性和竞争性，国际冰壶联合会制定了详细的分级标准。根据运动员的残疾类型及其对运动表现的影响，轮椅冰壶运动员的分级主要依据下肢的功能受限情况和日常行动能力。具体分级标准旨在确保所有参赛运动员在公平的条件下竞争，充分体现了竞技体育的公正性和包容性。以下是轮椅冰壶运动员的分级标准和损伤类别的详细说明。

（一）分级标准

轮椅冰壶的分级标准是根据运动员的下肢功能受限程度和残疾类型进行划分的，符合下列任意一项即可被认为具备参赛资格。

①双下肢肌力总分小于40分：运动员的双下肢肌力较弱，无法提供足够的支持力进行独立行走或站立。②双侧踝关节以上截肢；单侧髋关节离断；一侧膝关节以上截肢，另一侧下肢肌力总分小于25分：这些情况涉及严重的下肢功能缺失或截肢，运动员无法依靠下肢完成基本的平衡和支撑动作。③下肢肌张力为3~4级，并且不能独立行走或仅能在室内短距离行走：肌张力增高导致下肢僵硬和运动不协调，使运动员难以进行有效移动。④下肢协调功能障碍，可有力量下降或肌张力增高，并且不能独立行走或仅能在室内短距离行走：此类情况包含下肢的协调性问题，通常还伴随力量下降或肌张力异常增高，严重影响行走能力。⑤双下肢有2个或2个以上的大关节（大关节指髋、膝、踝关节）存在严重而永久的被动关节活动度受限，受限范围大于或等于50%：大关节的活动度受限会影响运动员的灵活性和移动性，使其难以有效进

行滑行和投壶动作。⑥上述情形的复合残疾，日常活动需依靠轮椅：运动员如果符合上述情况中的一种或多种，并且日常生活需要依靠轮椅，则被视为具备参赛资格。这类复合残疾的情况更加复杂，通常涉及多种功能障碍，运动员只能依靠轮椅进行所有移动活动。

（二）损伤类别

在轮椅冰壶的分级过程中，损伤类别是决定运动员所属等级的重要因素。不同的损伤类别和程度直接影响运动员的运动能力和冰壶技术表现，从而成为分级评定的重要依据。表9-1是轮椅冰壶项目损伤类别，是分级标准的重要参考。

表9-1 轮椅冰壶项目损伤类别

损伤类别	导致损伤原因
肌力损伤	脊髓损伤（完全或不完全，四肢瘫或偏瘫），肌营养不良，脊髓灰质炎和脊柱裂
肢体缺失	创伤性截肢，因骨骼疾病或神经机能障碍而导致的截肢，或先天性肢体短小或缺失
肌张力增高	脑瘫，创伤性脑损伤和脑卒中
共济失调	脑瘫，创伤性脑损伤，脑卒中和多发性硬化症
被动关节活动度损伤	慢性关节疾病或创伤导致的关节弯曲和挛缩，导致被动关节活动度受限

三、技术创新与装备演进

轮椅冰壶的技术创新和装备演进是推动该运动项目不断发展的重要因素。现代科技的引入使得轮椅冰壶运动在比赛装备和技术训练上得到了显著提升。随着轮椅冰壶运动的普及，运动员们逐渐依赖于更先进的设备和技术来优化他们的表现，从而提升了竞技水平和比赛观赏性。

（一）高性能轮椅设计与改进

在轮椅冰壶比赛中，轮椅的设计对运动员的表现至关重要。现代比赛轮椅采用了轻量化材料，如碳纤维和铝合金，这些材料不仅减轻了轮椅的整体重量，还增强了其强度和耐用性。轻便且坚固的设计使运动员在推壶时更加精准，减少了不必要的能量消耗。此外，为了提高轮椅在冰面的稳定性和操控性，轮椅底部轮胎和滚珠的材料与构造也进行了优化，以确保在冰面上有更好的抓地力和更平滑的转向。

特别是，对比赛中常用的轮椅增添了调节功能。运动员可以根据个人需求来调整轮椅的高度和角度，以达到最舒适和稳定的投壶姿势。这种定制化设计帮助运动员在比赛中保持最佳的投掷精度和身体稳定性。

（二）冰壶投掷装置的创新

为了提高轮椅冰壶的投掷精准度，近年来引入了多种投掷辅助装置。这些装置包括可以调节角度的投壶杆，带有力度传感器的投掷杆，以及符合人体工程学的握柄设计。这些创新设计可以帮助运动员更好地控制投壶力度和方向，从而增加比赛中的投壶成功率。

此外，智能化的投壶杆也开始应用于高水平比赛中。这些智能投壶杆内置传感器，可以记录投掷的力度、角度和速度，并实时反馈到训练系统中。教练员和运动员可以根据这些数据分析投掷动作的精度和一致性，进行针对性的技术改进和调整。

（三）数据分析与运动训练系统的应用

现代科技的发展使数据分析与智能训练系统在轮椅冰壶训练中得到广泛应用。通过三维运动捕捉技术和视频分析系统，教练和运动员可以精确地分析投壶动作中的每一个细节，找出技术动作中的不足之处。生物力学分析系统能够提供关于运动员身体姿态、关节角度、运动轨迹的详细数据，为技术优化提供科学依据。

同时，虚拟现实（VR）技术的应用也为运动员提供了全新的训练方式。VR系统可以模拟不同的比赛场景和环境条件，让运动员在虚拟环境中进行多种投壶战术的演练。这种训练方法不仅可以提升运动员的应变能力和战术素养，还能够提高他们在比赛中的心理适应能力和抗压能力。

（四）高效防护与康复装备

针对轮椅冰壶运动员常见的肩部和上肢损伤问题，新的防护装备和康复器材得到了广泛应用。智能防护服和护具采用了冲击传感器和动态压力分布监测系统，可以在运动员投壶过程中实时监测身体的受力情况，并在超出安全阈值时自动报警，提醒运动员及时调整姿势，避免损伤。

康复装备也在不断升级。新型康复训练设备结合了生物反馈和VR技术，可以帮助运动员更快恢复受损的关节和肌肉，同时增强他们的核心力量和协调能力。这些创新的康复和防护装备不仅提升了运动员的身体素质和运动表现，还有效地延长了他们的运动生涯。

四、轮椅冰壶的分类与技术特点

轮椅冰壶是一项结合了战略思维、精确控制和团队合作的冰上运动[1]。与其他冰壶比赛项目不同，轮椅冰壶不允许有队员扫冰，因此对投壶的精准性和力量控制有更高的要求。根据运动员的残疾类型和比赛要求，轮椅冰壶主要分为不同的技术特点和战术策略[2,3]。

（一）运动员的分类

根据运动员的残疾类型和功能受限程度，轮椅冰壶运动员一般可分为以下几类。

1. 截肢类运动员

这类运动员由于双下肢截肢，无法使用下肢维持平衡和推动轮椅。为了保证精准投壶，他们需要特别加强上肢的力量和核心稳定性训练，以确保在比赛中能够有效控制轮椅和投掷力度。

2. 脊髓损伤类运动员

这类运动员通常存在下肢瘫痪或部分瘫痪的情况，依靠上肢推动轮椅和投壶。投壶时需要保持身体的稳定性，尤其是在冰面不平滑的情况下，需要依靠强大的核心肌群和上肢协调能力，以确保投壶的稳定和精准。

3. 肌力和肌张力障碍类运动员

这类运动员通常由于肌肉力量下降或肌张力增高，无法进行正常的站立或行走。他们在投壶时可能会遇到肌肉控制不稳定的问题，因此，需要通过专门的力量训练和协调性训练增强投壶的控制能力。

（二）轮椅冰壶的技术特点

轮椅冰壶的技术特点主要体现为投壶精度、力度控制和战术配合三个方面。

---

[1] 李建锐. 概率思维在轮椅冰壶技战术及实战中的应用[D]. 哈尔滨：哈尔滨体育学院，2020.
[2] 石雷. 中国精英轮椅冰壶运动员技术应用特征分析[D]. 武汉：武汉体育学院，2022.
[3] 李一澜，高平，石雷，等. 优秀轮椅冰壶运动员体能与技战术特征研究[C]//第十二届全国体育科学大会论文摘要汇编，2022.

1. 投壶精度

由于轮椅冰壶不允许扫冰，运动员必须依靠投壶时的精准控制达到理想的效果。投壶时对方向和力度的控制尤为重要，要求运动员具备高度的集中力和稳定的投掷手法。高水平的投壶精度不仅能为己方队伍赢得优势位置，还能有效压制对方的战术布局[1]。

2. 力度控制

在轮椅冰壶比赛中，投壶的力度决定了壶的行进速度和停留位置。由于场地条件和比赛形势的变化，运动员需要根据实际情况灵活调整投壶的力度。较大的力度可以用于清理对方的得分壶，而较小的力度可用于精准的进营策略。力量的控制需要反复的训练和比赛经验的积累。

3. 战术配合

轮椅冰壶是一项团队运动，讲求全队的默契和战术执行能力。比赛中，四位队员分别承担不同的角色（如一垒、二垒、三垒、四垒），需要根据比赛进程合理安排战术策略。运动员必须在保持高水平个人技术的同时，具备良好的团队沟通和配合能力，以确保在比赛中可以迅速调整战术并做出决策。

第二节　轮椅冰壶运动员的生理特征与技术需求

轮椅冰壶是一项结合策略、精确控制和团队协作的冰上运动，要求运动员在比赛中具备良好的身体控制力、精确的投壶技术和高度的心理素质。根据轮椅冰壶运动员的残疾类型和分级特点，科学的训练和技术优化可以帮助他们充分发挥身体潜能，克服残疾带来的限制，提高竞技表现。因此，深入了解轮椅冰壶运动员的生理特征与技术需求，对于制订有效的训练计划和技术策略，提高比赛成绩具有重要意义。

一、轮椅冰壶运动员的生理特征

轮椅冰壶运动员的生理特征主要体现在上肢力量与力量耐力、核心力量与身体稳定性、柔韧性与关节活动度、上肢的有氧能力与耐力等方面。这些特征

---

[1] 侯玉，吴阳，田雪晨. 高水平轮椅冰壶运动员推壶成功率与技术的相关性研究[J]. 体育科技文献通报，2022，30（8）：96-97；101.

直接影响运动员的投壶精度、投掷力度和比赛中保持高效能表现的能力[1]。

（一）上肢力量与力量耐力

上肢力量是轮椅冰壶运动员的核心体能基础。与其他坐姿冰上项目相比，轮椅冰壶运动员在比赛中更依赖上肢力量来推动冰壶。因此，运动员需要具备较高的上肢肌肉力量和耐力，特别是肩部、肘部和腕部的力量。精英轮椅冰壶运动员的上肢力量虽然不如残奥冰球等项目的运动员强，但其上肢力量明显优于普通轮椅冰壶运动员。在比赛过程中，运动员需要通过多次精确的投壶动作掌控场上局面，这对上肢力量的稳定输出提出了更高要求。上肢力量耐力的不足可能导致运动员在比赛后期投壶力量衰减，进而影响战术执行效果。

（二）核心力量与身体稳定性

核心力量对于维持坐姿投壶时的平衡与稳定至关重要。由于轮椅冰壶运动员的下肢功能受限，他们在投壶时主要依靠上肢的推动力和核心肌群的稳定性完成动作。核心力量不足会导致投壶过程中身体晃动，影响投壶的方向和精确度。良好的核心稳定性不仅有助于减少投壶过程中由于身体摆动带来的误差，还能在多局比赛中降低上半身肌肉的疲劳感。

（三）柔韧性与关节活动度

柔韧性与关节活动度是轮椅冰壶运动员进行精确投壶的重要保障。由于长期处于坐姿状态，运动员的背部、肩部和腕部容易出现僵硬和劳损等问题，这会直接影响投壶动作的幅度和精度。良好的柔韧性可以帮助运动员在投壶过程中更自如地调节身体姿态，减少因关节紧张和肌肉拉伤带来的不良影响。研究表明，背部和肩部的柔韧性与投壶精准度之间存在正相关关系，这意味着柔韧性好的运动员在比赛中往往能够更好地控制投壶的力度和方向。

（四）上肢的有氧能力与耐力

虽然轮椅冰壶比赛没有剧烈的身体对抗，但长时间的比赛和持续的高强度集中注意力对运动员的耐力和心肺功能提出了挑战。研究显示，轮椅冰壶运动员的心肺功能水平相对较低，尤其是在有氧能力和上肢耐力方面，远低于其他冬残奥会项目运动员。

---

[1] 孟思宇. 我国优秀轮椅冰壶运动员制胜关键生理指标体系构建 [D]. 北京：首都体育学院，2023.

二、轮椅冰壶运动的技术需求与生理适应

轮椅冰壶的技术需求主要包括精细的投壶控制、精准的战术执行能力、团队配合能力及较高的心理素质。针对这些需求，运动员需要在生理和技术训练上进行合理的适应和强化，以充分发挥自身潜能。

（一）精确的投壶控制与技术细节

精确的投壶控制是轮椅冰壶比赛的关键。由于轮椅冰壶的比赛在很大程度上依赖于投壶的精度，运动员需要在训练中不断强化手眼协调和动作控制能力[1]。为了提高投壶的稳定性和精确度，运动员需要进行大量的重复性训练，例如，制订特定的投壶线路、设置复杂的投壶障碍，或缩小投壶落点的范围等。这些训练有助于运动员在比赛中快速适应场地和冰况变化，以保证投壶动作的连贯性和准确性。

（二）高效的战术意识与快速决策能力

轮椅冰壶是一项强调战术与策略的运动项目。运动员需要根据比赛的先手或后手情况、当前比分、冰壶的位置等，迅速制定和调整比赛策略[2]。训练中需要通过战术模拟、比赛演练和录像分析等手段，帮助运动员增强战术意识和快速决策能力。优秀的运动员不仅需要具备较强的个人技术，还需与队友保持高度默契，灵活应对赛场上的复杂局面，确保比赛策略的合理实施。

（三）身体稳定性与投壶时的平衡控制

在轮椅冰壶比赛中，运动员必须在坐姿状态下完成投壶动作，这对身体的平衡控制提出了较高的要求。运动员需要通过核心力量训练和身体稳定性训练，提升在投壶时的平衡控制能力。借助平衡板、核心训练器材等设备，可以模拟比赛中的不稳定状态，增强运动员在不同情况下的身体控制能力。良好的平衡与稳定性可以减少投壶时由于身体摇摆带来的误差，提高投壶的准确性。

（四）心理调节能力与抗压训练

轮椅冰壶比赛过程中，运动员需要面对各种紧张和高压的比赛环境。因

---

[1] 李一澜，石雷，杨润，等．精英轮椅冰壶运动员竞技能力特征及训练策略研究进展［J］．中国体育科技，2022，58（3）：3-8．
[2] 段兴亮，高平．轮椅冰壶项目竞技能力结构特征研究［J］．闽南师范大学学报（自然科学版），2022，35（3）：105-111．

此，运动员需要具备出色的心理调节能力和抗压能力。心理训练的方法包括情境模拟、表象训练、语言暗示和冥想练习等。这些方法可以帮助运动员在高压环境下保持冷静，增强专注力和自信心，减少因情绪波动带来的技术失误。同时，通过模拟比赛环境和压力情境的训练，可以有效提高运动员在实际比赛中的心理韧性和表现稳定性。

（五）上肢力量与耐力的持续提升

由于轮椅冰壶运动员的投壶动作依赖于上肢力量和耐力，因此持续的力量训练和耐力训练对于提高比赛表现至关重要。训练方法包括抗阻训练（如哑铃和杠铃训练）、推轮椅高强度间歇训练（HIIT）等，以增强运动员的上肢力量输出和肌肉耐力。通过力量与耐力的结合训练，运动员可以在多局比赛中保持良好的投壶状态，减少因肌肉疲劳导致的投壶精度下降。

三、轮椅冰壶运动员的体能与技术整合训练

针对轮椅冰壶运动员的生理特征和技术需求，综合的体能和技术训练计划是提高运动表现的关键。以下是一些有效的整合训练方法[1,2]。

（一）多样化的综合力量训练

轮椅冰壶运动员需要通过上肢力量、核心力量和身体稳定性的综合训练增强投壶能力。使用抗阻训练、核心稳定性训练等方法，可以提高运动员投壶过程中的力量输出和动作控制力。结合不同的训练工具和方法，如杠铃、弹力带和功能性训练器材，有助于全面提升运动员的力量与耐力。

（二）高度针对性的柔韧性与协调性训练

针对投壶过程中的关键动作和角度，运动员需进行专项柔韧性和协调性训练，尤其是肩、肘、腰背等部位的柔韧性。通过使用瑜伽、动态拉伸和功能性动作筛查，运动员可以逐步扩大关节活动范围，提升投壶时的动作流畅性和精准度。

（三）专项耐力与有氧训练

轮椅冰壶运动员需要具备良好的有氧耐力和上肢力量耐力，以支持多局比

---

[1] 陈昊. 中国轮椅冰壶队专项体能结构特征及其训练研究 [D]. 北京：中央民族大学，2022.
[2] 庄茂花，李波. 我国轮椅冰壶运动员"三调"训练研究 [J]. 冰雪运动，2018，40（2）：13-16.

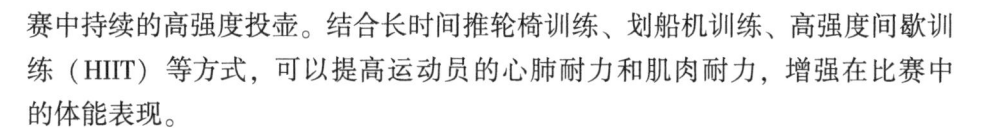

赛中持续的高强度投壶。结合长时间推轮椅训练、划船机训练、高强度间歇训练（HIIT）等方式，可以提高运动员的心肺耐力和肌肉耐力，增强在比赛中的体能表现。

（四）心理与战术的整合训练

针对比赛中的心理挑战和战术需求，采用心理训练方法（如情景模拟、战术录像分析）和团队合作训练，培养运动员的应变能力、团队协作能力和抗压能力。通过这种整合训练，运动员可以更好地应对比赛中的多重挑战，提升整体竞技水平。

第三节 轮椅冰壶关键技术研究与运动生物力学分析

轮椅冰壶是一项以精确投壶和团队战术为核心的冬季冰上运动，要求运动员具备高度的精准性、力量控制及团队协作能力。由于轮椅冰壶运动员的特殊性和不同的残疾类型，在投壶过程中如何稳定、高效地发力，并控制冰壶的方向和速度，成为技术研究的重点。通过对轮椅冰壶运动员的关键技术和运动生物力学分析，可以更好地理解投壶技术的细节和优化方向，为运动员制定更加科学的训练策略。

一、投壶技术

轮椅冰壶的投壶技术主要体现在精准的推送动作以及对冰壶方向、速度的有效控制。运动学分析是研究运动员在投壶过程中身体各部位的运动轨迹、速度和加速度变化的基础，帮助我们理解这些变量如何影响投壶的效果和稳定性（图9-2）。

图9-2 轮椅冰壶运动员王海涛（前）在国家残疾人冰上运动比赛训练馆投壶

（一）运动学分析

1. 投壶速度与加速度控制

投壶速度和加速度是影响投壶成功的核心因素之一。在投壶过程中，运动员需要在较短时间内完成从静止到推壶的动作，以确保冰壶能够按照预定的轨迹滑向目标区域。研究表明，成功投壶的运动员通常在出手瞬间便具有更快的速度和较小的加速度变化。例如，成功投壶时的速度平均为 2.33 m/s，而失败时的速度为 2.24 m/s；成功投壶时的最大加速度为 4.7 m/s^2，而失败时为 4.3 m/s^2。说明投壶速度的增加和加速度的稳定性是提高投壶精准度的重要因素。

2. 关节角度与投壶姿态的控制

在投壶动作中，肘关节和躯干的角度变化对于投壶的稳定性和精确性至关重要。研究数据表明，成功投壶的运动员在动作过程中肘关节的活动范围更小（77.4°～146.3°），这意味着他们能够更好地控制手臂的运动轨迹和速度。此外，肘关节的角速度和躯干角度的变化也显示出在出手瞬间更加平稳，这有助于减少投壶过程中不必要的晃动和能量损失。有效的关节角度控制能够帮助运动员更精确地调节投壶方向和距离，从而提高投壶成功率。

3. 投壶动作的协调与顺序

投壶动作的协调性和肌肉发力的顺序直接影响投壶的效果。运动员需要在投壶过程中协调上肢和核心肌群的力量输出，确保冰壶能够按照预定方向滑行。成功的投壶动作通常伴随更协调的肘关节和躯干运动，以及合理的发力顺序，能够最大限度地减少动作过程中不必要的身体摆动，提高投壶的准确性。

（二）肌电分析

投壶技术的肌电分析主要通过测量运动员在执行投壶动作时的肌肉活动情况，揭示不同肌肉群在动作中的贡献率和稳定性[1]。这对于了解如何优化肌肉发力、提高动作稳定性具有重要意义。

1. 主要发力肌群与贡献率

在投壶动作中，三角肌前束是最主要的发力肌肉，其在所有肌肉中的贡献率最高，无论是顺时针还是逆时针投壶，三角肌前束的贡献率均在 35%～

---

[1] 张田. 轮椅冰壶运动员投壶技术动作表面肌电分析 [C] //第十二届全国体育科学大会论文摘要汇编. 北京：北京体育大学，2022.

40%。投壶成功时，胸大肌、桡侧腕屈肌等其他辅助肌肉的贡献率明显增加，反映出这些肌肉在保持投壶动作稳定性方面的重要性。因此，在投壶训练中，强化这些关键肌群的力量和协调性是提高投壶成功率的有效策略。

2. 肌肉稳定性与投壶效果的关系

肌肉的发力稳定性是决定投壶效果的重要因素。研究显示，在投壶成功时，主要肌群的发力波动较小，表现出更高的稳定性。例如，逆时针投壶成功时，胸大肌、三角肌前束和肱二头肌的发力变化率较低，说明这些肌肉在动作过程中更加稳定。相反，在投壶失败的情况下，桡侧腕屈肌和肱三头肌的变化率较大，稳定性较差。因此，提高这些肌肉的发力稳定性，通过特定的肌力训练和肌肉协调训练，能够有效提高投壶成功率。

3. 肌肉发力顺序与技术优化

不同投壶动作的肌肉发力顺序存在差异，这影响了投壶动作的整体协调性和发力效率。研究发现，逆时针投壶中，肱桡肌通常首先被募集，其次是肱二头肌、三角肌前束和胸大肌；顺时针投壶中，肱二头肌、三角肌前束和胸大肌的发力顺序相对一致。根据这些发力特点，可以在训练中针对不同投壶方向优化肌肉的激活模式，提升运动员在不同动作中的发力效率和技术表现。

二、战术选择与团队协作

在轮椅冰壶比赛中，战术选择和团队协作不仅仅是对冰壶轨迹和目标的物理预测与判断，更涉及对运动员身体控制、力学应用、反应速度及团队沟通的多重要求[1,2]。这些要求在运动生物力学的框架下，可以通过对运动控制、神经肌肉反馈机制、力的传递与控制策略等进行详细的分析和优化。

（一）运动控制与神经肌肉反馈的生物力学分析

战术选择中最为关键的一环是运动员如何根据场上局势的变化快速调整自己的动作和力量输出。运动生物力学研究中，运动控制过程可视为神经系统通过感官反馈（视觉、触觉等）调节肌肉力量输出的复杂过程。这些反馈机制在投壶时尤其重要，运动员需要根据实时的视觉信息，快速调整肌肉的激活程度和发力方向，以应对目标区域的变化。

---

[1] 李岩. 我国轮椅冰壶战术方法和手段研究 [D]. 哈尔滨：哈尔滨体育学院，2017.
[2] 穆亮，张强. 中国轮椅冰壶队战术能力综合评价 [J]. 体育文化导刊，2015（4）：120-123.

有效的战术选择要求运动员能够在极短的时间内做出决策，这涉及大脑皮层对运动路径的预测及调整。例如，当需要投出一个曲线球以绕过对方的防守壶时，运动员必须精确控制手腕和前臂的旋转角度与力度，从而使冰壶在滑行过程中发生适当的旋转。这样的技术动作要求运动员具有高度的手眼协调能力和神经肌肉控制精度。训练中，应结合复杂情境的模拟训练，帮助运动员在高压力条件下保持动作的精度和稳定性。

此外，生物力学中的力学反馈和前馈控制原理在战术选择中同样适用。前馈控制使运动员可以通过事先的经验和策略判断调整投壶的姿态和力量输出，而力学反馈帮助运动员在实际操作过程中根据反馈信息进行微调。训练策略上，可以通过使用实时反馈设备，如虚拟现实（VR）训练系统和力反馈器材，增强运动员对投壶力量与角度的控制精度。

（二）团队协作与力学原理的应用分析

轮椅冰壶比赛的胜利不仅依赖于个人技术的发挥，还要求整个团队在战术上高度协作。团队协作的优化涉及力学原理在具体策略执行中的应用，这包括冰壶的速度控制、旋转角度、碰撞效果及路径规划等。

团队协作中的沟通策略直接影响比赛战术的实施效果。在防守策略和进攻策略之间的选择，需要运动员根据现场情况进行判断，并且通过视觉和听觉信号快速传达给其他队员。生物力学分析中，这种策略实施依赖于对冰壶运动路径的精确预测和对力量传递路径的有效控制。例如，在决定进行"轻撞"战术时，运动员需要计算出适当的力量和碰撞角度，从而确保己方冰壶以最佳角度进入目标位置，同时不会导致冰壶滑出界外。

这种力学决策要求团队成员具备扎实的力学基础和临场反应能力，训练中应通过多角度的模拟演练和角色扮演来强化队员之间的默契和配合度。生物力学中的碰撞力学和能量传递模型可以用于模拟不同的战术场景，帮助运动员理解不同策略的效果及其背后的力学原理。

（三）策略优化与实时决策训练

战术选择和团队协作的成功还依赖于不断优化的策略和实时决策能力。运动生物力学可以通过对运动员的动作数据和冰壶路径的分析，提供策略优化的科学依据。例如，通过分析运动员的投壶动作轨迹、冰壶滑行的速度和旋转情况，可以判断何种投壶策略更适合当前局面。运动生物力学模型可以预测冰壶在不同冰面条件下的滑行距离和方向变化，这对于选择合适的战术至关重要。

在实际训练中，可以使用数据分析软件和仿真工具帮助运动员和教练进行战术复盘和优化。每场比赛后，对成功与失败的战术进行生物力学分析，找出动作和策略执行中的细微差别，从而制订出更加个性化的训练计划，提高团队的整体战术水平。

三、防守技术的运动生物力学分析

防守技术在轮椅冰壶中扮演着关键角色，旨在通过巧妙的投掷和力学干扰策略，阻止对方成功得分或有效破坏对方的战术安排。防守技术的运动生物力学分析集中于冰壶的路径预测与控制、能量传递效率、碰撞力学，以及运动员如何通过合理的身体力学应用实现最佳的防守效果。

（一）冰壶路径预测与力的控制的生物力学分析

防守技术的核心在于如何精准控制冰壶的运动轨迹，以最大化阻挡对方冰壶的进攻路径。运动生物力学在此过程中提供了对冰壶路径的详细预测模型，分析不同初速度、旋转角度和冰面摩擦力条件下冰壶的最终落点。运动员需要根据这些物理参数调整投掷动作，以干扰对方的战术实施。

例如，在执行防守策略时，运动员可能需要投掷一个"堵壶"限制对方的进攻路径。在这种情况下，运动员必须控制投掷力量，使冰壶在特定位置停留，而不是继续滑行。运动生物力学的研究表明，阻止冰壶继续滑行的关键在于适当的初速度和角速度，以及对冰面摩擦力的有效利用。这要求运动员对自己投掷时的力学输出有高度的掌控能力。

针对这一点，训练中可以通过模拟不同冰面条件和摩擦力的变化，帮助运动员更好地理解力的大小和方向如何影响冰壶的路径，从而制定出更加有效的防守策略。

（二）阻挡技术与能量传递效率的生物力学分析

阻挡技术不仅依赖于冰壶的路径控制，还涉及冰壶之间的碰撞和能量传递效应。运动生物力学中的碰撞力学理论可以用来分析冰壶之间如何在碰撞过程中有效传递和耗散能量，从而实现最佳的防守效果。

在执行"轻撞"或"重撞"策略时，运动员需要考虑冰壶之间的碰撞角度、速度和旋转方向。生物力学研究表明，碰撞过程中冰壶的速度变化、旋转角动量的转移，以及能量耗散与传递路径有直接关系。例如，当投掷一个轻撞壶时，运动员需要在较小的力学输出下，实现对对方壶的有效位移，且不使己方壶滑出界外。

这种碰撞力学的理解可以通过多次重复练习来强化,尤其是针对不同碰撞角度和速度的模拟演练。通过分析碰撞后的能量传递效率,教练员可以帮助运动员选择更有效的阻挡策略,并指导他们在比赛中如何根据局势变化快速做出调整。

(三) 多场景下的防守策略优化与神经肌肉训练

防守技术的最终目的是通过精准控制和多场景下的策略调整,最大限度地削弱对方的战术效果。运动生物力学的应用不仅在于预测和分析冰壶的路径和碰撞效果,还在于优化运动员的神经肌肉控制训练。

在复杂的比赛环境中,防守策略的执行需要运动员在投掷过程中快速调整姿态和力量,这种调整的过程涉及神经系统对多肌群的协调控制。为了实现最优的防守效果,运动员必须在不同情境下快速切换投掷策略,这要求他们具备高度的神经肌肉反应能力和动作协调性。

训练中可以结合动态视觉训练、快速反应练习及平衡协调训练,帮助运动员在不同战术条件下保持动作的灵活性和精准度。同时,利用视频分析工具和生物力学仿真软件进行战术复盘,帮助运动员和教练员制定更加科学的防守策略优化方案。

第四节 轮椅冰壶运动员的损伤特征与预防策略研究

随着轮椅冰壶竞技水平的提升,运动损伤的预防和管理逐渐成为重要课题。轮椅冰壶运动员因特殊的残疾类型和运动项目特点,如冰上投壶及战术调整等,易发生特定损伤[1]。分析损伤特征和预防策略,有助于制订科学的训练和康复计划,降低损伤风险,增强表现。

一、轮椅冰壶运动员的损伤特征

轮椅冰壶运动员的损伤特征多样,因残疾类型、竞技方式等独特条件而异,主要表现为上肢和核心部位的高损伤率与多样损伤类型。

(一) 损伤发生率与严重程度

由于投壶需频繁依赖上肢和核心发力,轮椅冰壶运动员常见肩部、肘部和

---

[1] 徐思. 中国轮椅冰壶国家队运动员运动损伤调查研究 [D]. 哈尔滨:哈尔滨体育学院,2023.

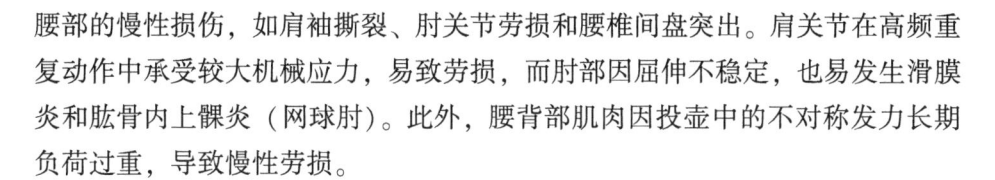

腰部的慢性损伤，如肩袖撕裂、肘关节劳损和腰椎间盘突出。肩关节在高频重复动作中承受较大机械应力，易致劳损，而肘部因屈伸不稳定，也易发生滑膜炎和肱骨内上髁炎（网球肘）。此外，腰背部肌肉因投壶中的不对称发力长期负荷过重，导致慢性劳损。

（二）损伤部位与类型

损伤主要集中在肩部、肘部、手腕和腰背部。

①肩部损伤：肩袖撕裂、肩峰下滑囊炎等，因反复外旋和前伸投壶动作导致。②肘部损伤：屈伸不稳定引发滑膜炎和肱骨内上髁炎。③手腕损伤：投壶时的腕部腱鞘炎，因频繁屈伸和旋转所致。④腰背部损伤：核心控制不足增加腰椎间盘突出和下背痛的风险，尤其在长时间训练中易发生。

（三）损伤发生机制

①高强度重复负荷：投壶时肩部反复外旋产生剪切力和扭转力，导致关节软组织损伤。②不对称发力：单侧过度发力使肘部和腕部承受不平衡压力，易引发肌肉疲劳和关节不稳。③核心不足与腰背部损伤：核心控制力不佳使腰背部承担过多压力，导致慢性劳损。④急速转换：赛场上急速动作和战术变化易造成突发扭伤、拉伤，若轮椅不稳则更易受伤。

二、预防策略

基于轮椅冰壶的损伤特点，以下预防策略可有效降低运动员的损伤风险。

（一）强化上肢和核心力量

针对肩部、肘部和核心肌群，进行多样化力量训练，增强支撑力和耐力。上肢训练包括肩部外旋和前伸的抗阻训练，防止肩袖撕裂等慢性损伤。核心训练则侧重于增强腹部、背部及臀部的力量，通过平板支撑、俄罗斯转体等动作，提高运动员的身体稳定性，减轻腰背部的负担。

（二）优化投壶技术

通过分解动作和模拟训练，帮助运动员掌握更加科学的发力技巧，避免动作中的不对称和过度负荷，减少肩部、肘部和腰部的损伤风险。

（三）提升核心控制与稳定性

核心肌群的稳定性对于保持平衡至关重要。通过动态稳定性训练和核心耐力训练，帮助运动员在投壶和轮椅移动过程中保持良好的姿势和稳定性，减少腰背部的压力。

（四）合理安排训练强度和频率

避免过度训练和高频率的重复负荷，训练计划应循序渐进，逐步增加训练负荷，并为运动员安排足够的休息与恢复时间，以促进肌肉的修复和增强耐力。

（五）使用辅助器具和定期康复

适当的护具如肩部支撑、腕部护具等能有效减少运动损伤的风险。同时，结合拉伸、按摩等康复手段，有助于减轻慢性劳损并促进肌肉的恢复。

第十章

残奥冰球

第一节 残奥冰球的历史、分类与发展

残奥冰球（图10-1）也被称为冰橇冰球，是一种根据传统冰球运动改编而成的残疾人冰上运动项目[1]。它将运动员的下肢固定在特制的冰橇上，运动员通过上肢和身体核心力量完成滑行、传球、射门等动作。随着时间的推移，这项运动在国际残疾人体育赛事中的地位逐渐提高，尤其是在冬残奥会的舞台上，残奥冰球以其激烈的对抗性和高技术性吸引了广泛的关注[2,3]。

图10-1 残奥冰球

一、残奥冰球的起源与发展历程

残奥冰球起源于20世纪60年代的瑞典，最初为下肢残疾运动员设计，以让他们体验冰上运动的乐趣。瑞典的残疾人体育爱好者在斯德哥尔摩首次将滑雪橇

---

[1] 李双玲，朱宝峰. 世界残奥冰球竞技实力格局及我国竞技形势探析［C］//第十一届全国体育科学大会论文摘要汇编，哈尔滨：哈尔滨体育学院，2019.
[2] 仓文颉，范凯斌. 残奥冰球项目特征与制胜因素研究［J］. 辽宁体育科技，2020，42（2）：7-11.
[3] 仓文颉. 残奥冰球项目本质特征及制胜因素［D］. 南京：南京体育学院，2021.

和冰球结合，创造了冰橇冰球，使截肢或下肢障碍的运动员能够参与其中。

早期，运动员们使用自制冰橇和改装的冰球杆，冰橇下安装滑雪板，冰球杆末端有小钩子，便于上肢推动冰橇。20世纪70年代，冰橇冰球从瑞典传播至欧洲其他冰雪运动盛行的国家，特别是在挪威和芬兰得到快速发展，最终获得国际残奥委员会（IPC）的认可。1994年，冰橇冰球在挪威利勒哈默尔冬季残奥会上首次成为正式比赛项目，确立了其在残疾人体育中的地位。

随着竞技水平的提升，北美国家（特别是美国和加拿大）在规则、装备、技术训练等方面逐渐形成优势。北美队伍在冬残奥会上多次夺冠，推动了冰橇冰球的技术创新和国际化发展。近年来，随着欧洲和亚洲更多国家的参与，这项运动的全球普及度不断提高，比赛也更加多元和激烈。

二、残奥冰球的分级标准与损伤类别

（一）分级标准

残奥冰球是一项面向不同类型下肢残疾运动员的运动项目，为了确保比赛的公平性和竞技性，IPC制订了一套严格的分级标准，以确定运动员是否符合参赛资格。残疾分级旨在根据运动员的功能障碍类型和严重程度分配相应的级别，从而使比赛在公平的基础上进行。

分级系统的主要目的是确保所有运动员都具有大致相同的功能水平，以减少由于残疾类型和程度不同而带来的不公平竞争。以下是残奥冰球项目的分级标准，运动员需要满足以下条件中的至少一项才能够参赛：①单侧经踝关节截肢或类似的功能障碍：这类运动员通常是指一侧下肢在踝关节以下截肢或存在类似功能受限的运动员。他们在比赛中使用冰橇来替代双腿的滑行功能。②双下肢肌力减少10分：这一标准适用于那些由于肌肉萎缩、神经损伤等原因导致双下肢力量明显下降的运动员。根据医学评估体系，这些运动员的双下肢肌力评分总和需减少10分。③单侧踝关节僵直或膝关节屈曲畸形大于30°：此类运动员由于关节僵硬或畸形导致无法正常使用双腿进行滑行，尤其是在变向和转弯过程中有明显功能障碍。因此，这些运动员需要使用冰橇替代传统的滑行方式。④肌张力增高、共济失调、手足徐动、协调性测试小于或等于3分：此类运动员的神经系统障碍会影响下肢的协调性和肌肉控制能力，使得他们无法像健全运动员一样完成复杂的冰上动作。⑤双下肢长度至少相差70毫米：这类运动员通常是由于发育异常或外伤导致的下肢长度不对称。严重的不对称会影响运动员在冰上的平衡和控制能力,因此也被列入了参赛的最低标准。

在分级过程中,医学专家和功能分类评估师会对运动员进行全面的评估,确定其残疾的类型和严重程度,从而为其分配相应的分级类别。通过这种严格的分级标准,残奥冰球确保了比赛的公平性,使所有参赛运动员都能在一个合理的竞技平台上展现自己的技术和能力。

(二)损伤类别

在冬残奥冰球的分级过程中,损伤类别是决定运动员所属等级的重要因素。不同的损伤类别和程度直接影响运动员的运动能力和技术表现,从而成为分级评定的重要依据。表10-1是各类损伤及其导致原因的分类,这些分类是分级标准的重要参考。

表 10-1　　冬残奥冰球项目损伤类别

损伤类别	导致损伤原因
肌力损伤	脊髓损伤(完全或不完全,四肢瘫或偏瘫),肌营养不良,脊髓灰质炎和脊柱裂
肢体缺失	创伤性截肢,因骨骼疾病或神经机能障碍而导致的截肢,或先天性肢体短小或缺失
肌张力增高	脑瘫,创伤性脑损伤和脑卒中
共济失调	脑瘫,创伤性脑损伤,脑卒中和多发性硬化症
被动关节活动度损伤	慢性关节疾病或创伤导致的关节弯曲和挛缩,导致被动关节活动度受限

三、技术创新与装备演进

残奥冰球的发展不仅依赖于运动员的技术进步和训练水平的提高,还与技术创新和装备的不断演进密不可分。冰球作为一项高强度、高速对抗性运动,其技术特点和残疾运动员的特殊需求决定了装备的设计和创新必须具备更高的针对性和安全性。

(一)冰橇设计的优化

在残奥冰球中,运动员使用的冰橇是专门为其设计的。冰橇的结构和设计是冰球比赛的基础。冰橇的设计演变主要集中在轻量化、稳定性和操控性三个方面。最初的冰橇设计较为笨重,材料选择也较为局限,通常使用简单的铝合金或钢材，导致运动员在高速滑行中难以灵活操作，稳定性和操控性也存在不足。随着科技的发展，新型材料如碳纤维和钛合金的应用，使冰橇的重量大大减轻，同时保持了足够的强度和耐用性。轻量化的设计提高了冰橇的速度和灵活性，让运动员能够在比赛中更快、更稳地滑行，增强了比赛的观赏性和竞技性（图10-2）。

此外，冰橇底部刀片的形状和材料也经历了多次优化。新的刀片设计更符合人体工程学和冰面摩擦力学，提供更好的抓地力和滑行稳定性。刀片的可调性设计允许运动员根据个人习惯和场地情况调整角度和高度，提高了操作精度和安全性。

图10-2 运动员坐在冰橇上参加冰球比赛

（二）球杆与护具的改进

球杆作为冰球运动员的主要工具，其设计也随着残奥冰球的发展而不断改进。为了适应残疾运动员的特殊需求，球杆的长度、重量、弯曲度和握把设计都进行了调整。新的球杆材料，如复合碳纤维，使球杆更轻、更耐用，同时改善了运动员在滑行和击球时的灵活性和控制力。握把设计也更加符合人体工程学，可以减轻运动员的疲劳，增强对球的操控。

护具的设计同样重要，因为冰球是一项对抗激烈的运动，运动员在高速滑行中难免会发生碰撞。现代护具设计在保护头部、肩部、肘部、胸部和腿部的基础上，更注重防护效果与运动灵活性的平衡。特别是对上肢和躯干的保护，设计更符合残疾运动员的身体特征，确保减少其在激烈的比赛中受伤的风险。

（三）智能科技与分析设备的应用

智能科技在残奥冰球中的应用也日益增多。例如，智能冰橇可以通过传感器和数据分析系统监测运动员的滑行速度、方向、加速度和身体姿态等数据。这些数据能够为教练员和运动员提供精细化的反馈，帮助他们改进技术动作和策略。此外，虚拟现实（VR）技术被引入训练中，通过模拟真实比赛环境，增强运动员的临场应对能力和决策能力。此类科技的应用不仅提升了运动员的竞技水平，也推动了残奥冰球整体水平的提高。

第十章 残奥冰球

（四）残奥冰球规则的适应与创新

残奥冰球的规则也在不断演变，以适应技术和装备的变化。为了增强比赛的公平性和竞技性，国际残奥委员会（IPC）不断调整比赛规则，如对冰橇、球杆长度、冰面尺寸和比赛时长的规定。同时，新的判罚标准和裁判机制也在不断优化，以更好地适应残疾运动员的特殊需求和比赛的安全要求（图10-3、图10-4）。

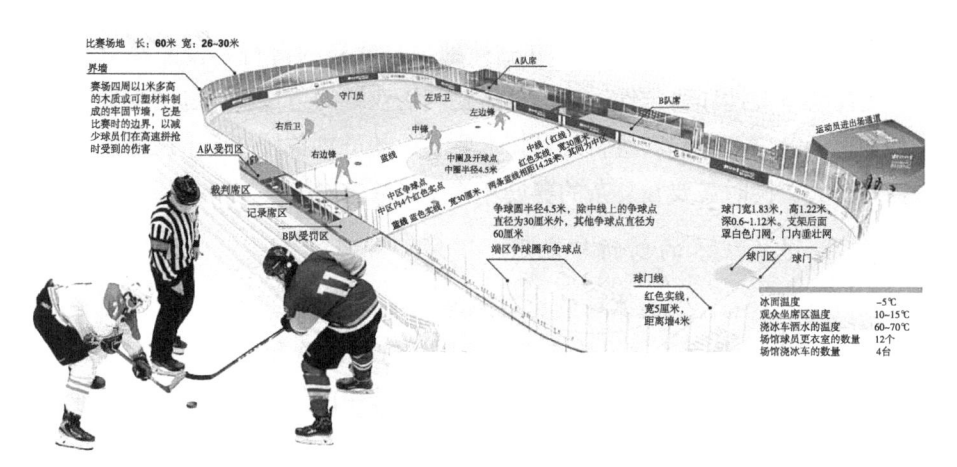

图10-3 冰球场地示意图

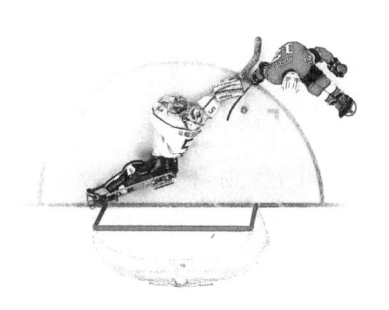

图10-4 冬残奥会赛场残奥冰球坐立冰面追风赛场

四、残奥冰球的分类与技术特点

残奥冰球不仅是一项充满激情和挑战的运动，也是对运动员技术能力和身体素质的全面考验。由于残疾运动员的身体状况各异，冰球的技术特点在比赛中尤为多样化和复杂化，冰球技术与残疾运动员的特殊需求相结合，使比赛更具特色。

（一）冰球分类与运动员技术特点

残奥冰球的比赛形式与普通冰球类似，但由于运动员的身体限制和分级标准的不同，比赛策略和技术执行上有显著差异[1]。运动员的残疾类型主要集中在下肢缺陷或功能障碍方面，这些运动员需要在冰橇上完成所有滑行、传球、射门和防守动作。因此，比赛中不允许有任何站立动作，运动员必须充分发挥上肢和核心力量，以保证技术的准确性和稳定性。

滑行技术在残奥冰球中具有基础性地位。冰橇的滑行不仅需要速度和力量，更需要平衡性和稳定性，运动员需要利用双臂的力量和球杆的支撑完成转向和加速。急停、急起和急转弯等技术要求运动员具备较高的上肢爆发力和核心控制能力，同时需要在复杂的赛场环境中灵活应对。

（二）进攻技术的创新与应用

在进攻技术上，残奥冰球的比赛策略更加讲究团队配合和个人突破的结合[2]。由于运动员无法通过快速奔跑摆脱防守，传球和运球的精准度和时机控制显得尤为重要。与普通冰球相比，残奥冰球中的传接球技术更强调速度和角度的变化，需要运动员具备快速反应和判断能力。

射门技术同样具有多样化的特点，残疾运动员利用球杆的爆发力和手腕的灵活性进行各种类型的射门，如弹射、腕射和挑射等。针对残疾运动员的特殊需求，射门训练更多地侧重于提高出手速度、球的旋转控制和角度精准度。

（三）防守技术的多样性与挑战

防守技术在残奥冰球中同样尤为重要，因为运动员在冰橇上没有下肢的辅助支撑，身体接触和抢断技术需要更高的上肢力量和核心力量。阻挡、冲撞和抢断等防守技术需要快速、果断，守门员的防射门技术更是要求其具备高度的灵敏性和反应速度。在守门时，守门员不仅要靠手臂的快速反应抓球或挡球，还要通过冰橇的迅速移动调整防守位置，应对不同方向和角度的射门。

（四）比赛中的战术多样性与适应性

残奥冰球的比赛战术相较于普通冰球更为复杂。由于身体条件的限制，残

---

[1] 汪可非，余银．冬残奥会冰球项目技术特征分析［J］．中国体育教练员，2021，29（1）：61-64.
[2] 汪可非．冬残奥冰球运动员技战术训练关键问题分析［J］．当代体育科技，2024，14（21）：26-30.

疾运动员需要在有限的时间和空间内作出最优的战术选择。这就要求教练员和运动员在比赛中具有高度的战术适应性和决策能力，能够根据场上形势快速调整攻防策略和人员配置。此外，进攻中的队形变化和防守中的位置安排也需要根据对手的特点和己方的优势进行调整，做到最大化利用己方资源，减少对手的进攻机会。

第二节 残奥冰球运动员的生理特征与技术需求

残奥冰球是一项极具挑战性的冰上集体运动，要求运动员在比赛中展现卓越的上肢力量、核心力量、协调能力、耐力和战术素养。由于残疾类型和分级的多样性，残奥冰球运动员的生理特征表现出明显的特殊性和多样性，这些特征直接影响他们在冰场上的表现和技术需求[1]。因此，了解残奥冰球运动员的生理特征和技术需求，对于科学制订训练计划和优化技术策略、提高比赛成绩至关重要。

一、残奥冰球运动员的生理特征

残奥冰球运动员的生理特征主要体现在上肢力量、核心稳定性、平衡能力、灵活性和耐力等方面[2,3]。这些特征的训练和提升直接影响运动员的滑行速度、传球精准度、射门力量和比赛中的战术执行能力[4]。由于残奥冰球运动员的残疾类型和功能受限情况各不相同，其生理特征也表现出明显的个体差异和特殊性。

（一）上肢力量与力量耐力

上肢力量是残奥冰球运动员的核心体能基础。与其他冰上项目相比，残奥冰球运动员在比赛中完全依赖上肢力量推动冰橇并控制冰球，因此，上肢力量直接影响着运动员的滑行速度、转向控制和射门的力量与精准度。由于残奥冰球比赛要求运动员在对抗激烈、攻防快速转换的场景下完成滑行、传球和射门

---

[1] 李双玲，杨光，宋宇虹，等. 中外优秀男子冰球运动员身体形态及场上技术指标对比分析 [J]. 哈尔滨体育学院学报，2019，37（4）：29-34；40.
[2] 文学民. 女子冰球运动员生理和心理及训练特点 [J]. 冰雪运动，2005（2）：24-25.
[3] 郑思樵. 冬残奥冰球项目专项运动素质评价指标体系构建研究 [D]. 武汉：武汉体育学院，2020.
[4] 崔性赫. 我国专业男子冰球运动员常见运动损伤的生理学因素分析 [D]. 北京：北京体育大学，2007.

动作，运动员需要具备强大的肩部、肘部和腕部肌肉力量和耐力，特别是在比赛的关键时刻能够保持上肢力量的稳定输出。力量和耐力的不足可能导致运动员在比赛后期出现动作变形或力量衰减，从而影响比赛表现。

(二) 核心力量与身体稳定性

核心力量是维持残奥冰球运动员在滑行和对抗中平衡与稳定的关键因素。残奥冰球运动员在比赛过程中处于坐姿状态，依靠上肢力量进行滑行和操作冰球，而核心力量则决定了运动员在转弯、急停、快速滑行和身体对抗时的稳定性和控制能力。核心力量的不足会导致运动员在滑行过程中出现倾斜、滑行偏移或在对抗中失去平衡的情况。研究发现，良好的核心稳定性能够有效减少运动员在对抗中因身体摆动导致的失误，并能在比赛的高强度对抗中提高上半身的防护能力。

(三) 上肢的灵活性与柔韧性

残奥冰球运动员在比赛中需要进行复杂的传球、接球、运球和射门动作，这些动作需要上肢各关节具备良好的灵活性和柔韧性。由于长时间的上肢高强度使用，运动员的肩部、肘部和腕部容易出现僵硬和劳损等问题，这会直接影响球杆控制的精准度和传球、射门的准确性。良好的柔韧性能够帮助运动员在传接球过程中更自如地调节动作幅度，减少因关节僵硬和肌肉紧张带来的不良影响。特别是在比赛过程中，肩部和腕部的灵活性与传球精准度之间存在密切的正相关关系，这意味着柔韧性好的运动员在比赛中往往能够更精准地进行传球和射门，提升战术执行效果。

(四) 平衡能力与动态控制力

由于残奥冰球运动员使用冰橇在冰面上滑行，这对运动员的平衡能力和动态控制力提出了极高要求。运动员需要在快速滑行、急停和急转弯中保持冰橇的平衡，并在与对手的身体对抗中保持稳定性。上肢力量和核心力量的协同配合是保持平衡的关键，而运动员的动态控制力决定了他们在快速变向和冰橇侧滑时的表现。

(五) 上肢的有氧能力与耐力

尽管残奥冰球比赛以短时间内的高强度对抗为主，但长时间的比赛和高频率的攻防转换对运动员的耐力和心肺功能提出了挑战。运动员需要在短时间内迅速恢复体能，以在接下来的攻防转换中保持高效表现。研究表明，残奥冰球运动员的心肺功能水平相对较低,尤其是在上肢的有氧能力和耐力方面[1]。上肢耐力的不足会导致运动员在比赛的后期出现技术动作失误。

二、残奥冰球的技术需求与生理适应

残奥冰球的技术需求主要包括高效的滑行控制、精准的传接球技术、快速的射门能力、灵活的攻防转换技巧以及较高的心理素质。针对这些需求,运动员需要在生理和技术训练上进行合理的适应和强化,以充分发挥自身潜能。

(一) 高效的滑行控制与技术细节

滑行控制是残奥冰球比赛的基础技术,运动员需要在比赛中通过双手持杆划冰推动冰橇滑行。滑行技术的效率直接影响运动员的速度和移动灵活性。运动员需要通过大量的重复性训练,强化自身的手眼协调能力和滑行的力量输出。通过不断练习掌握不同的划杆角度和冰面角度,运动员可以提高冰橇的控制力和滑行速度,确保在比赛中迅速抢占有利位置。

(二) 精准的传接球技术与战术执行能力

传接球是残奥冰球比赛中关键的战术执行手段。运动员需要在高速度滑行和对抗过程中精准完成传球和接球动作,要求其具备极高的手眼协调能力和球杆控制力。为了提高传接球的精准度和速度,训练中需要设置各种复杂的传球和接球路线,模拟比赛中的实际场景,通过高频率和高强度的训练提高运动员的传球精准度和接球稳定性。同时,运动员还需要通过录像分析和实战模拟,提升快速判断能力和战术意识,确保在比赛中能够迅速作出正确的战术选择。

(三) 快速射门与进攻决策能力

射门技术是残奥冰球比赛中决定胜负的关键。运动员需要在高速滑行和激烈对抗中保持冷静,快速选择射门时机并准确发力。训练中需要重点提高腕射、反拍射门、挑射等多种射门技术的速度和精准度。尤其是在门前混战和反击过程中,运动员需要快速作出射门决策,提高进攻效率。优秀的射门技术可以增加进球的机会,因此,运动员在训练中需要不断磨炼射门的力度、角度和时机的把握,增强比赛中的进攻威胁。

---

[1] 郑思樵,余银,周文静,等.冬残奥冰球运动员体能特征研究[C]//第十一届全国体育科学大会论文摘要汇编.武汉:武汉体育学院,2019.

三、残奥冰球运动员的体能与技术整合训练

为提升残奥冰球运动员的竞技表现，有效整合体能训练与技术训练至关重要。结合冰球运动的高强度特性和残疾运动员的特殊需求，本节将探讨优化训练方法，以增强运动员力量、耐力、核心稳定性、技术准度和战术执行能力。

（一）多维度的力量训练与耐力训练整合

残奥冰球运动需要强大的上肢力量和耐力，以完成滑行、转弯、急停及射门等高强度动作。以下为优化力量和耐力的训练方案：①上肢力量训练。采用哑铃、拉力器等抗阻训练，专注强化肩部、肘部、手腕及背部，提升推拉能力和姿态稳定性。训练中使用不稳定器材，如平衡板，以增强肌肉协调性，适应冰面滑行中的不稳定性。②核心力量与平衡训练。通过瑞士球、平衡板和悬挂训练等器材进行核心训练，提升运动员在滑行和攻防转换中的核心稳定性，帮助他们在冰橇滑行时保持平衡。结合动态和静态核心训练，特别设计单侧核心训练，以提高运动员的姿态控制能力。③有氧与间歇性训练。结合推轮椅、划船机和高强度间歇训练（HIIT），增强心肺功能和耐力。通过模拟比赛中的高强度对抗，训练运动员适应比赛节奏，减少疲劳对其的影响。

（二）技术动作优化与场地模拟训练

技术动作的精细化和多样化场地模拟训练对残奥冰球运动员至关重要，有助于提高他们的滑行与击球效率：①滑行与转弯技术。使用视频回放和三维动作捕捉技术优化滑行路径和发力方式。通过反复滑行和急转弯训练，提升滑行流畅性，增强运动员在急停和转弯中的平衡能力。②击球技术。实施静态到动态的渐进式击球训练，使用电子目标系统和慢动作回放分析击球角度、力度和轨迹。通过不断优化击球动作，提高进攻效率。③场地模拟与专项技术训练。模拟不同冰面摩擦力、球门位置和障碍设置，帮助运动员在多变场地条件下保持稳定性和精准度。结合传球、射门、防守技术的专项训练，提高比赛中动作连贯性和球权控制力。

（三）战术执行与团队合作训练

在冰球比赛中，战术执行和团队合作至关重要。通过以下训练方案，提升战术配合与团队协作能力：①团队配合与沟通训练。通过情境模拟和小组对抗赛等演练，增强运动员的战术执行能力和团队默契。教练应定期组织团队配合

训练,以提高整体战术协同水平。②战术演练与适应性训练。模拟进攻与防守情境,开展不同战术模式演练。针对不同对手制定应对策略,提升运动员在实际比赛中对战术调整的适应性。③心理调适与决策训练。结合情境模拟和心理训练工具,帮助运动员在比赛中保持冷静,提高关键时刻的决策力。通过情境再现和压力训练,提升运动员在比赛中战术执行的专注度。

第三节　残奥冰球关键技术研究与运动生物力学分析

残奥冰球作为一项高强度的冬季运动,不仅需要运动员具备出色的滑行能力、进攻与防守技术,还需要针对残疾运动员的生理特征进行专项优化和技术改进。由于运动员的残疾类型各异,他们的技术动作和身体协调性表现出高度的个体差异,因此在技术研究和运动生物力学分析中,需特别关注如何通过优化运动姿态、力量输出和身体控制提高整体比赛表现[1,2]。通过对残奥冰球关键技术的运动生物力学分析,可以帮助教练员和运动员更科学地理解技术动作的优化方向,从而制订更加有效的训练计划。

一、滑行技术

滑行技术是残奥冰球运动员最基础的技能,直接影响进攻和防守的效率。残奥冰球的滑行技术包含平滑、冲滑、急停、转弯和急起等多种形式,每种滑行技术都对运动员的力量、耐力、平衡和协调性提出了不同的要求。

(一) 平滑和冲滑技术的运动学特征

平滑和冲滑是冰球运动员在赛场上快速移动的基本技术。平滑技术主要用于场地上的快速移动,而冲滑技术则在需要快速突破和追球时使用。平滑和冲滑动作需要运动员通过双臂的反复推拉动作带动冰橇滑行。运动学分析显示,运动员在冲滑时需要掌握出色的手臂与核心协调能力,利用双臂的推杆力量和冰面摩擦力产生的反作用力推动身体向前滑行。成功的冲滑技术表现为较小的双臂摆动幅度和较高的推杆频率,这样既能维持高效的滑行速度,又能减少因频繁摆动产生的能量消耗。

---

[1] Kyoung-Seok Y, H-K K, Jin-Hoon P. A biomechanical assessment of the sliding motion of curling delivery in elite and subelite curlers [J]. Journal of Applied Biomechanics, 2012, 28 (6): 694—700.
[2] Laschowski B. Biomechanical modeling of Paralympic wheelchair curling [D]. Master's thesis, University of Waterloo, 2016.

（二）急停与转弯技术的运动学分析

急停和转弯技术在残奥冰球比赛中具有极大的战术意义。急停技术常用于防守和阻止对方进攻，要求运动员迅速减速并在冰面上维持平衡。运动学研究表明，急停动作的完成需要强大的上肢力量和核心控制力，以避免运动员和冰橇的侧翻。转弯技术则需要运动员能够在高速滑行中迅速改变方向，这对上肢力量和身体协调性要求极高[1]。有效的急停和转弯技术能够帮助运动员在比赛中迅速调整姿态和位置，为防守和进攻创造更多机会。

（三）急起技术的动力学特征

急起技术是残奥冰球的一项独特技术，旨在帮助运动员在摔倒后快速重新进入比赛状态。动力学分析显示，急起技术需要较大的核心力量和上肢爆发力以迅速调整身体姿态并重新滑行。运动员需要通过强大的上肢推拉动作和核心肌肉的稳定输出，利用冰橇的倾斜角度和地面反作用力将身体推起。急起技术的快速完成对于防守与进攻的连续性至关重要，训练中需要着重加强运动员的核心力量、手臂爆发力和全身协调性。

二、进攻技术

进攻技术是残奥冰球运动员的关键得分手段，主要包括射门、传接球和运球技术。每种进攻技术都对力量、速度、精准度和技术细节有着不同的要求。

（一）射门技术的运动学与动力学分析

射门技术在残奥冰球比赛中至关重要，因为它直接决定运动员的得分。运动学分析显示，不同的射门技术（如弹射、拉射、腕射等）需要运动员在击球时具备高度的力量控制和精准度[2]。弹射技术要求较大的上肢爆发力和协调性，以确保出球速度和力量达到最佳水平；而腕射技术则需要更多的手腕灵活性和快速反应能力。肌电图（EMG）数据显示，在执行高强度射门动作时，运动员的主要肌肉群，如胸大肌、三角肌前束和腕屈肌，表现出高度活跃的电位，表明这些肌肉群是射门动作的主要发力点。通过生物力学分析，可以帮助

---

[1] Kraemer E F. Hip range of motion in the sport of curling: Delivery [D]. Master's thesis, University of Wisconsin-La Crosse, 2009.

[2] Laschowski, B, Mehrabi, N, Mcphee, J. Inverse dynamics modeling of Paralympic wheelchair curling [J]. Journal of Applied Biomechanics, 2017, 33 (4): 294-299.

运动员优化发力顺序和肌肉协同动作，提高射门的力量和精准度。

（二）传接球技术的时空协调与肌肉激活模式

传接球技术需要极强的手眼协调能力和精细的肌肉控制。运动员需要在滑行中快速作出判断，传球或接球的动作要求手部与上肢的精准协同。肌电分析表明，在传接球过程中，肱二头肌和肱三头肌的激活程度直接影响球杆的控制和冰球的传递质量。成功的传接球技术需要运动员在滑行过程中保持身体的平衡和稳定，同时通过迅速的上肢动作完成传球或接球。

（三）运球技术的稳定性与灵活性分析

运球技术是保持球权和推进比赛的关键。运动员需要在滑行过程中通过细致的球杆控制保护冰球。运动生物力学分析显示，运球技术的核心在于"球不离杆"的稳定性和"单手捣球"的灵活性。在这种动作中，肩部、肘部和腕部的灵活性和稳定性起着至关重要的作用。训练中需特别强化肩袖肌群和前臂肌肉的协调性和耐力，以确保运球的连贯性和精准性。

三、防守技术

防守技术在残奥冰球中同样重要，主要包括阻挡技术和防射门技术。这些技术要求运动员在高速滑行和对抗环境下迅速做出反应和调整。

（一）阻挡技术的力量与稳定性要求

阻挡技术，特别是冲撞和抢断技术，是残奥冰球中最具攻击性和防守性的动作。运动生物力学研究表明，冲撞技术需要强大的上肢力量和核心控制力，以保证运动员在高速冲撞后能够迅速恢复平衡并继续比赛。肌电分析显示，胸大肌、三角肌、腹直肌和背阔肌在冲撞时表现出高水平的肌肉活性，表明这些肌群在动作中起着重要的力量输出和稳定作用。有效的阻挡技术训练应包括增强上肢力量的爆发力训练，以及核心力量和稳定性的专项训练。

（二）防射门技术的敏捷性与反应速度

防射门技术要求守门员具备极高的敏捷性和反应速度。守门员需要在冰球即将进入球门的瞬间做出快速反应，通过"左抓右挡"或扣球等动作阻止冰球入网。运动生物力学研究表明，守门员的反应速度和瞬间力量是防射门成功的关键因素。通过肌肉反应时间训练和多重动作反应训练，可以提高守门员在比赛中的反应速度和灵活性。

第四节 残奥冰球运动员的损伤特征与预防策略研究

随着残奥冰球的竞技水平提高，运动损伤的预防和管理日益重要。残奥冰球是一项高强度对抗性运动，运动员在高速滑行、急停急起、激烈碰撞和战术变换中面临多种损伤风险。深入研究其损伤特征和预防策略，有助于提高竞技水平并延长运动生涯[1,2]。

一、残奥冰球运动员的损伤特征

残奥冰球运动员的损伤主要可分为急性和慢性两类，这与其高强度对抗、冰面环境及残疾类型密切相关。

（一）急性损伤

在快速滑行、变向和与对手碰撞的过程中，肩关节和上肢容易遭遇脱位、肩袖撕裂等损伤。此外，高速碰撞或摔倒也可能引发头部和颈部的严重损伤，如脑震荡和颈椎扭伤，甚至可能危及生命或造成长期后遗症。对于部分下肢残疾运动员来说，摔倒或姿势不当时，膝关节韧带撕裂等下肢损伤也是常见的急性损伤之一。

（二）慢性损伤

长期的上肢和肩部重复性负荷容易导致肩袖肌腱炎、肩滑囊炎等慢性损伤，特别是在长时间的训练和比赛过程中。维持冰撬的稳定性需要强大的核心力量，因此长期高强度的负荷容易引起下背部的劳损。手腕和手部因频繁击球和操控球杆而容易发生腱鞘炎和腕管综合征等慢性损伤，影响运动员的竞技状态和生活质量。

二、损伤发生的机制

残奥冰球运动员的损伤发生机制复杂多样，通常与对抗性、速度和残疾类型密切相关。

---

[1] 于长隆,任玉衡,田得祥,等. 对我国优秀冰球运动员运动创伤特点的分析[J]. 体育科学, 2000（1）：71-72.
[2] 李双玲. 冰球运动员伤病特征与影响因素研究综述[J]. 哈尔滨体育学院学报, 2018, 36（6）：31-38.

（一）高强度对抗与碰撞

残奥冰球是一项对抗性极高的运动，运动员在高速滑行中容易发生碰撞。碰撞和摔倒产生的急停和急起会在瞬间对肩部、头部及颈部造成巨大的冲击力，是导致急性损伤的主要原因。

（二）重复性动作

残奥冰球运动员在滑行和射门过程中，肩关节和上肢需要频繁发力。这些重复性动作容易导致劳损，长时间累积可引起肩部和上肢的慢性损伤，如肩袖肌腱炎和肩滑囊炎等。

（三）不对称力量负荷

由于残疾类型的差异，不同运动员的上肢和下肢的力量分布不均，在训练和比赛中容易出现代偿性动作。这种不对称负荷会导致肩部、下背部和手腕的慢性劳损，增加损伤的风险。

（四）核心力量不足

残奥冰球运动员对核心力量要求较高，以维持冰橇稳定性。核心力量不足的运动员更容易在对抗和急速滑行时失去平衡，从而引发下背部损伤。

三、技术与医疗团队的损伤预防策略

残奥冰球的高对抗性和复杂性技术要求和医疗团队协作，通过专业指导、科学干预和个性化康复预防损伤。

（一）技术指导与动作优化

通过运动生物力学分析优化滑行技术，调整不良的姿势和发力方式，从而减少关节的过度负担，降低运动损伤的发生。可以改善滑行时的重心、步伐和发力方式，使动作更加流畅且具有更好的保护效果[1]。在射门和传球技术方面，利用动作捕捉系统优化发力顺序和效率，以减少肩部和肘部的损伤风险。

（二）医疗团队的预防性康复

医疗团队应定期进行功能评估，测试运动员的肌肉和关节状况，发现潜在

---

[1] 徐凌. 疲劳对冰球运动员急停起动技术影响的下肢生物力学分析[D]. 北京：北京体育大学，2020.

的弱点和不平衡,并根据评估结果制订个性化的强化训练方案。这有助于在问题发生之前进行干预,减少损伤的风险。同时,利用肌电图和超声影像等技术进行实时监测,能够及时发现潜在的伤病并采取干预措施,从而避免损伤的进一步恶化。

(三) 个性化康复训练

康复训练应注重力量和灵活性训练,通过平衡训练增强肌肉力量和灵活性,从而提升运动员的对抗能力和核心稳定性。特别是在核心肌群的训练上,应该加强腰腹部和臀部的力量,以减轻运动员在比赛中的负担。此外,可以通过比赛场景模拟帮助运动员适应比赛要求,从而减少因不适应高强度比赛环境而产生的损伤。

(四) 数据驱动的训练反馈

智能穿戴设备可以用于实时监测运动员的身体负荷,帮助教练员和运动员进行精细的运动分析。这些数据能够帮助教练员及时调整训练计划,避免运动员因过度训练或训练不当而受伤。通过个性化的数据分析,还可以精确调整训练内容和恢复策略,最大限度地减少伤病的发生,同时提升运动表现。

第十一章

冬残奥项目的生物力学建模与损伤防护仿真研究

第一节 滑雪运动生物力学仿真分析

滑雪运动作为冬季残疾人运动的重要组成部分，其竞技表现依赖于运动员在复杂雪地条件和不断变化的地形中精确控制身体动作、维持平衡和优化滑行速度[1]。对于残疾人滑雪运动员来说，他们的运动表现不仅受制于滑雪技巧，还受到残疾类型、残疾部位和残疾程度的影响[2]。因此，基于生物力学的仿真分析，在理解残疾人滑雪运动中的力学行为、优化运动技术以及预防运动损伤方面显得尤为重要。仿真分析通过精确模拟滑雪过程中的人体运动模式、肌肉协调发力、关节动作以及外部力的影响，能够为运动员的技术优化、训练方案制订、装备设计和损伤预防提供科学依据。

一、滑雪运动与残疾运动员的生物力学特征

滑雪运动中的生物力学特征主要体现在运动员的滑行轨迹、重心转移、边刃施压、空气阻力、雪地摩擦力等方面。这些力学因素的变化决定了滑雪运动员的滑行速度、转弯能力、平衡稳定性和整体表现。对于残疾人滑雪运动员而言，运动的生物力学特征更加复杂，因为他们的动作受残疾类型的影响，如肢体截肢、脊髓损伤或下肢功能障碍等，需要在滑雪过程中依靠不同的肢体补偿

---

[1] 陈礼. 滑雪运动生物力学仿真分析[D]. 大连：大连理工大学，2009.
[2] 闫红光，娄彦涛，吴松林. 自由式滑雪空中技巧动作技术的运动生物力学原理探析[J]. 沈阳体育学院学报，2010，29（1）：12-16.

机制、核心力量以及辅助装备完成滑行和转弯等复杂动作[1,2]。

(一) 残疾类型对生物力学特征的影响

残疾运动员的运动能力受到肢体缺失或功能障碍的制约。研究表明，不同残疾类型在滑雪过程中所表现出的力学特征各不相同。例如，下肢截肢的运动员需通过假肢和核心力量保持平衡，而上肢残疾者则更加依赖滑雪杖辅助平衡和发力。

(二) 滑雪中力学因素的相互作用

滑雪过程中涉及多种力学作用力的相互影响和复杂的生物力学过程。例如，滑雪者在高速下坡时，必须管理边刃与雪面的接触力以控制滑行方向和速度，特别是转弯时对边刃的精准控制至关重要。同时，运动员需要在雪杖、雪板和雪面之间协调作用力，确保平衡和稳定性。在这种复杂的环境下，残疾运动员需通过合理的技术动作、装备使用和训练方式弥补残疾带来的运动功能限制。

(三) 雪地摩擦力和空气阻力的作用

雪地摩擦力和空气阻力是滑雪运动中影响速度和能量消耗的两个重要因素[3]。对于残疾运动员来说，由于他们身体的部分功能受限，如何有效管理这些力学因素尤为重要。仿真分析能够帮助研究者更好地理解这些力在滑雪中的作用，并为装备的优化设计提供依据[4]。

二、多刚体系统模型在滑雪运动仿真中的应用

为研究滑雪运动中复杂的力学行为，特别是残疾运动员在滑雪过程中的独特动作模式，生物力学仿真模型采用多刚体系统进行建模。多刚体系统模型将人体简化为多个刚体，并通过关节相连，形成一个多自由度系统，能够模拟滑

---

[1] 娄彦涛，王振，郝卫亚. 自由式滑雪空中技巧运动员模拟落地动作的下肢生物力学特征 [J]. 中国运动医学杂志，2016，35 (4)：333-338；343.

[2] 佟永典，门传胜，郝庆威，等. 反馈控制原理和运动生物力学原理在自由式滑雪空中技巧中的应用 [J]. 沈阳体育学院学报，2002 (1)：5-8.

[3] 廖章文，周义翔，于经纶，等. 基于CFD仿真的跳台滑雪空中飞行姿态优化及其验证研究 [J]. 摩擦学学报，2023，43 (10)：1151-1164.

[4] 徐梦桃，范祎，李泽鹏，等. 科技助力自由式滑雪空中技巧女子运动员备战北京冬奥会周期的应用 [J]. 沈阳体育学院学报，2022，41 (5)：1-7.

雪过程中身体各部分的运动和力学特性[1,2]。

（一）多刚体系统的优势

多刚体系统能够准确模拟人体各部位在滑雪过程中的相互作用，特别是当残疾运动员使用辅助器械（如假肢）时，该模型可以精确再现假肢与雪地、雪板之间的受力关系。例如，通过这种模型可以分析假肢如何在滑行中传递力量，从而为假肢设计提供优化方向。

（二）不同残疾类型的仿真模型构建

在残疾人滑雪运动的仿真中，多刚体系统模型的构建需考虑到残疾部位和类型。例如，对于下肢截肢的运动员，需要建立不同截肢部位的模型，以准确模拟假肢与雪板的接触和力量传递；对于脊髓损伤的运动员，则需更精细地模拟上肢的发力和核心力量的协调，以分析运动员如何通过上肢力量和姿态调整维持滑行平衡。通过模拟不同类型的残疾人滑雪者在滑行、转弯和跳跃中的动作，可以分析不同残疾类型如何影响滑雪技术的执行，并针对性地优化技术动作[3]。

三、滑雪杖与雪地交互的仿真模型与分析

滑雪杖在滑雪运动中起到稳定身体和辅助滑行的作用，特别是对残疾运动员来说，滑雪杖的有效使用可以显著提高滑行的平衡性和安全性。仿真研究中，滑雪杖与雪地之间的交互模型通常采用变拓扑结构进行建模。通过引入多刚体系统动力学中的单面约束理论，模拟滑雪杖在雪地接触、支撑、发力和释放的全过程。

（一）滑雪杖的力学作用分析

在滑雪过程中，滑雪杖不仅用于保持平衡，还用于帮助转向和加速。特别是对于上肢残疾的运动员，滑雪杖的设计和使用方法在滑行中的重要性尤为突出。仿真模型可以帮助分析滑雪杖在不同雪地条件下的受力情况，进而优化其设计，提高滑行效率。

---

[1] 万超，侯世杰，王伟，等. 基于假人仿真模型的冰雪运动生物力学教学实验设计［J］. 实验技术与管理，2022，39（1）：12-17，35.
[2] 李天航. 人体—滑板多体动力学模型的构建与应用研究［D］武汉：武汉科技大学，2021.
[3] 李秋捷，包蕾，朱晓兰. 我国男子越野滑雪运动员长距离传统式上坡双杖推进技术的生物力学分析［J］. 医用生物力学，2021，36（4）：553-559.

（二）滑雪杖长度和材质的优化设计

模型的分析结果能够帮助运动员找到最佳的滑雪杖使用方式。通过调整滑雪杖的长度、角度和材质，可以提高滑行的力学平衡能力和支撑效率，以减少运动中的疲劳和受伤风险。

四、含神经、肌肉系统的滑雪运动生物力学模型

为了更加精确地模拟滑雪过程中肌肉的发力和协调情况，特别是分析残疾运动员如何通过肌肉力量和神经控制弥补运动能力的不足，仿真模型中引入了神经肌肉系统的建模。应用诸如 Hill 三元素模型等方法，模拟不同滑雪动作过程中，肌肉的拉伸、收缩以及神经刺激对肌肉力量的影响。

（一）神经肌肉系统在滑雪中的作用

滑雪过程中，神经和肌肉的协同工作对于平衡和力量控制至关重要。残疾运动员在这方面的需求更加复杂，特别是当他们的某些肌肉群不能正常工作时，其他肌肉需要代偿。这种仿真模型能够帮助我们了解不同肌肉在滑雪中的发力模式，从而优化训练方案。

（二）针对残疾运动员的仿真优化

针对下肢残疾的运动员，他们在滑雪时更多依赖上肢和核心力量。通过仿真分析，可以为他们设计出最佳的发力策略，减少上肢过度使用导致的疲劳，并通过合理分配肌肉负荷提高滑雪效率。

五、先进仿真平台的开发与应用

滑雪运动生物力学仿真分析需要依赖功能强大且易于操作的仿真平台[1]。这些平台应基于先进的多体动力学理论和现代计算技术，如 MATLAB 或其他数值计算环境，能够快速进行动力学方程的求解和仿真数据的处理。一个优秀的仿真平台不仅应具备高度的计算效率和模型扩展性，还需提供直观的用户界面和可视化功能，便于用户进行参数设置和仿真结果的分析[2]。

---

[1] 王伟, 陈柏霖, 万超, 等. 科技冬奥智能穿戴式冰雪运动装备运动风险实验研究平台[J]. 实验技术与管理, 2022, 39 (1): 1-5.

[2] 郝庆威, 郝婉全. 基于虚拟现实技术的竞技体育仿真应用开发研究[J]. 电视技术, 2018 (8): 88-92.

（一）仿真平台的核心功能

针对残疾滑雪运动员，仿真平台需具备模拟不同类型残疾的功能模块，如截肢、偏瘫、脊髓损伤等。每种残疾类型的运动员在滑雪过程中会有不同的生物力学特征，如肌肉发力模式、平衡机制以及假肢与雪面的接触力等。仿真平台通过模块化设计，能够方便地调整和输入运动员的残疾参数，并通过高效的计算模块，准确模拟残疾运动员的滑雪行为。

（二）多学科协同与拓展

随着技术的进步，仿真平台不仅限于单一的生物力学计算，还可以集成其他学科的先进技术。例如，通过整合空气动力学、材料科学等领域的成果，平台能够对不同材质雪板、雪杖以及滑雪服的阻力、摩擦力等因素进行全面分析，为运动员的装备优化提供精准建议。此外，仿真平台还可以结合大数据和机器学习技术，自动分析滑雪者的动作缺陷并提出改进建议，从而提高训练效率和技术表现。另外，仿真平台的扩展性也是其长远发展的关键因素。随着仿真技术的发展和需求的变化，平台需要不断扩展和升级功能。现在已经有通过结合虚拟现实（VR）技术的滑雪仿真平台研究，运动员可以在仿真平台上进行沉浸式的滑雪训练，实时感受滑行过程中不同技术动作的反馈。这种方式不仅提升了仿真体验的真实感，还大大提高了运动员的训练效率。

（三）可视化与用户交互功能

仿真平台不仅需要强大的计算能力，还必须具备直观的可视化功能。通过三维动画和图形展示，教练员和运动员能够清晰地看到滑雪过程中每一个动作的力学特征，包括重心变化、发力轨迹、肌肉受力分布等。用户可以通过调整模型参数，实时观察不同滑雪技术动作的变化效果，从而快速找到优化方案。

第二节 生物力学仿真技术在运动损伤研究中的应用

运动损伤是竞技体育中不可忽视的重要问题，尤其在高强度、高速的运动项目中，运动员的关节、肌肉和韧带承受了巨大的压力和应力，常常导致急性或慢性的损伤。为了更好地预防和减少运动损伤，生物力学仿真技术提供了一种非侵入性且精确的工具。该技术通过模拟人体的运动过程和受力情况，帮助科学家和教练员了解运动损伤的机制，并针对特定运动员设计个性化的训练和康复方案。生物力学仿真技术在残疾人运动和冬季项目中的应用尤为重要，尤其是通过逆向动力学分析、运动捕捉和仿真建模，能够模拟出复杂的运动场景，帮助分析残疾运动员的身体力学变化。以下部分将详细探讨基于AnyBody软件的损伤仿真技术及其在运动损伤研究中的应用，并进一步分析疲劳对韧带损伤的影响。

一、基于AnyBody的损伤仿真

（一）AnyBody模型简介

AnyBody是一种广泛应用于生物力学研究的运动仿真技术，其通过建立精确的肌肉骨骼模型，能够模拟人体在不同运动场景下的运动过程和受力情况。该软件的核心是基于逆向动力学的分析方法，通过输入实际运动数据，结合人体生物力学参数和力学原理，计算出肌肉、关节、骨骼系统在运动过程中所承受的力、力矩及应力分布[1,2]。AnyBody的优势在于，它能够针对个体差异进行定制化建模，从而在残疾运动员和健全运动员的运动损伤预防和运动表现优化中发挥关键作用。

在运动仿真分析中，AnyBody可用于对运动中的关键关节，如膝关节、髋关节和踝关节等进行深入的力学分析，尤其是在复杂的高速运动如滑雪、跳跃和急停等动作中，识别损伤的潜在风险，提出技术改进建议。例如，在滑雪等冬季运动项目中，膝关节的受力分析对理解前交叉韧带（ACL）的损伤风险具有重要意义。通过建立精确的肌肉骨骼模型，AnyBody能够实时计算出滑雪过程中的各个关节、肌肉、骨骼的应力分布，并预测潜在的损伤区域。

（二）基于AnyBody的速降滑雪运动损伤仿真及生物力学分析

速降滑雪是冬季运动中最具挑战性的项目之一，运动员在高速滑行时，膝关节、髋关节和踝关节承受巨大的冲击力和剪切力，极易导致韧带、肌肉和骨骼的损伤。尤其是膝关节的前交叉韧带损伤在滑雪运动中极为常见，因此，研究如何通过技术动作的优化降低膝关节的应力，对于运动员的训练和损伤预防至关重要。

---

[1] 刘书朋，司文，严壮志，等. 基于AnyBodyTM技术的人体运动建模方法[J]. 生物医学工程学进展，2010，31（3）：131-134.
[2] 罗林聪，马立敏，林泽，等. 基于AnyBody骨骼肌肉多体动力学分析的有限元仿真[J]. 医用生物力学，2019，34（3）：237-242；250.

第十一章　冬残奥项目的生物力学建模与损伤防护仿真研究

1. 运动捕捉与建模

使用先进的运动捕捉系统获取滑雪运动员的动态动作数据，包括滑行、转弯、跳跃等多种动作姿态的数据。通过将这些捕捉到的动态数据导入 AnyBody 仿真系统中，构建包含运动员骨骼、肌肉、韧带和关节的精确模型。在建模过程中，还包括滑雪板与雪地的摩擦、空气阻力、地形变化和重力等外部力的影响，从而确保仿真模型尽可能接近真实滑雪场景[1]（图 11-1）。

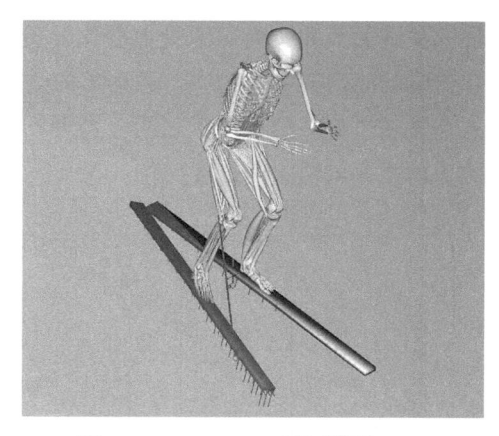

图 11-1　AnyBody 滑雪模型

2. 逆向动力学分析

通过逆向动力学分析，AnyBody 仿真系统能够精确计算运动员滑行时各个关节的受力情况，尤其是膝关节和前交叉韧带的应力分布。在"后倾着陆"（Landing back-weighted）等高危动作中，膝关节的前交叉韧带承受了巨大的拉力，仿真结果表明，着陆时膝关节承受的前交叉韧带应力超过了正常极限，这大大增加了韧带损伤的风险。通过对比不同滑雪姿态，仿真系统还能够分析最容易导致膝关节损伤的姿态。

3. 仿真结果的分析与应用

通过仿真技术分析不同姿势下膝关节的受力情况，研究人员发现避免膝关节过度伸展和身体后倾，可以显著减少前交叉韧带的拉力负荷，从而降低损伤风险。这一发现为运动员和教练提供了宝贵的指导，运动员可以通过改进姿态优化滑行技巧，教练员也可以根据仿真结果制定更科学的训练方案。

此外，仿真技术还可以帮助研究滑雪装备设计对关节受力的影响。例如，滑雪板的弯曲刚度和雪杖的长度如何影响运动员的滑行姿态和关节受力等。这些分析结果不仅可以指导运动员的动作技术改进，还能为滑雪器材的研发提供科学依据。

（三）基于 AnyBody 的运动损伤预防

AnyBody 仿真技术不仅用于评估膝关节的受力，还可通过逆向动力学分析

---

[1] 廖章文，张胜年，魏书涛，等. 基于空气—雪两相流动力学仿真的滑雪板界面特性及其减阻性能研究[J]. 摩擦学学报，2022，42（4）：719-727.

其他关键关节和肌肉群的受力变化，从而制定更全面的损伤预防策略。例如，在滑雪的旗门转弯过程中，运动员的侧倾角度和滑雪板的立刃角度对关节的受力有显著影响。仿真分析表明，合理的侧倾角度能够减少膝关节的侧向受力，防止韧带和软组织的过度拉伸（图11-2）。

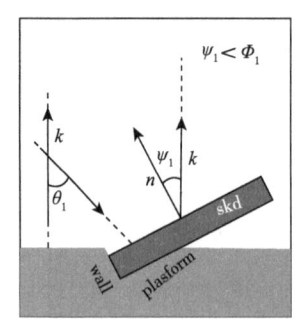

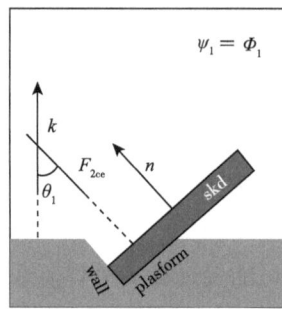

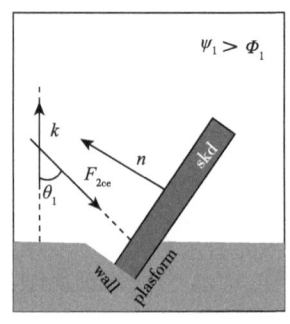

图11-2 旗门转弯雪板立刃角度关系

通过对滑雪过程中的不同动态姿态进行全面分析，仿真结果为运动员提供了个性化的动作优化方案，有助于在高强度滑雪比赛中有效预防损伤（图11-3）。

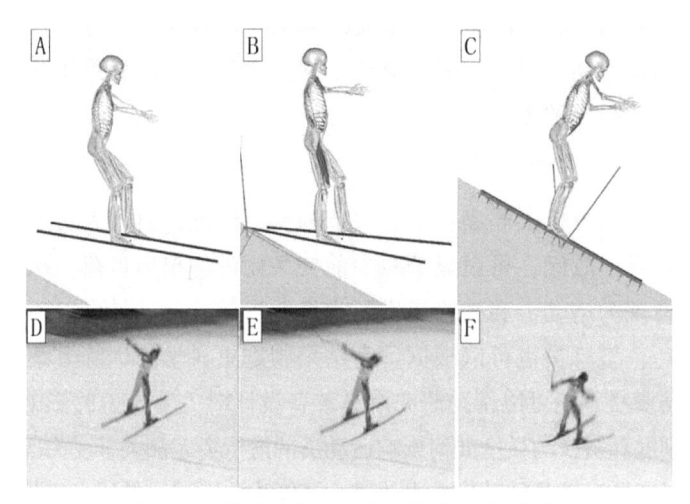

图11-3 仿真损伤运动与实际损伤运动对比

此外，AnyBody仿真技术还能够帮助改进运动装备的设计。例如，研究人员通过仿真技术发现，降低滑雪板与雪地之间的摩擦系数能减轻膝关节的负担，从而减少因长时间滑行或剧烈转弯带来的损伤风险。这些装备设计的改进，不仅能提升运动表现，还可以降低运动员在比赛和训练中的受伤率。

（四）应用前景

基于 AnyBody 的损伤仿真技术为冬季项目如速降滑雪等高风险运动提供了极为精准的损伤预测和预防手段。通过结合逆向动力学分析和实际运动数据，研究人员能够识别导致运动损伤的关键因素，并提出相应的技术改进方案。在未来，AnyBody 仿真技术的应用范围将会进一步扩大，涵盖更多的运动项目和场景。随着仿真技术的不断发展，研究人员可以通过更精准的模型和更全面的数据分析，深入研究各类运动项目中的损伤风险，并提供个性化的预防方案，从而显著提高运动员的安全性和运动表现。

二、疲劳与韧带损伤的仿真分析

（一）疲劳对运动表现及损伤风险的影响

疲劳是影响运动员运动表现和增加运动损伤风险的重要因素。在长时间高强度运动后，肌肉力量和反应能力都会减弱，导致关节的稳定性下降，从而增加韧带损伤的风险。疲劳状态下，肌肉力量下降，动作的精确度和协调性会受到影响，运动员的动作控制能力减弱，特别是膝关节在着陆、急停或转身时会承受更大的应力。研究表明，在疲劳状态下，运动员的肌肉激活模式会发生改变，关节的负荷分布也会随之变化，尤其是膝关节的稳定性受损，这种不稳定性会使韧带承受的应力增加，导致损伤风险的上升[1]。

例如，在跳跃、急停和转身等剧烈动作中最容易受损，而这些动作在疲劳状态下的受力变化更为显著。由于肌肉的保护性力量减弱，ACL 在膝关节屈曲时会承受更大的剪切力，增加了撕裂的可能性。因此，理解疲劳对运动员生物力学表现的影响，并通过仿真技术分析疲劳状态下的运动损伤风险，对于制定有效的损伤预防策略具有重要意义。

（二）基于疲劳仿真的 ACL 损伤分析

疲劳仿真技术可以帮助深入分析膝关节在疲劳状态下的受力变化，尤其是 ACL 的受力情况[2]。在跳跃、急停等高强度动作中，ACL 的受力情况会受到

---

[1] Bere T, Flørenes T W, Krosshaug T, et al. Mechanisms of anterior cruciate ligament injury in World Cup alpine skiing: a systematic video analysis of 20 cases [J]. The A merican journal of sports medicine, 2011, 39 (7): 1421-1429.

[2] Gong T, Li Z, Mössner M, Nachbauer W, et al. A biomechanical analysis of skiing-related anterior cruciate ligament injuries based on biomedical imaging technology [J]. Med Eng Phys, 2022, 110: 103907.

疲劳状态的显著影响。疲劳状态下，股四头肌和腘绳肌的力量失衡，导致膝关节前后稳定性下降，从而增加了 ACL 的负荷。基于仿真技术的研究能够帮助分析这些力学变化，找到韧带损伤的主要原因。

1. 实验设计与数据收集

在进行 ACL 损伤的疲劳仿真分析时，研究人员首先通过高强度运动诱导运动员进入疲劳状态，例如通过连续的深蹲、跳跃和急停训练，使膝关节负荷达到疲劳极限。接着，使用运动捕捉系统记录运动员的动态动作数据，尤其是跳跃着陆时的膝关节屈曲角度、地面反作用力和肌肉激活模式等数据。通过这些数据，可以捕捉运动员在疲劳状态下的动作特征，并将其导入仿真系统中进行分析。

2. 仿真分析与结果

在仿真过程中，AnyBody 仿真系统可以通过逆向动力学分析膝关节的运动模式和受力情况，特别是在着陆、转身等动作中膝关节和 ACL 的应力变化。研究结果表明，疲劳状态下，运动员的膝关节屈曲角度增加，而 ACL 承受的应力显著提升。这是由于在疲劳状态下，股四头肌力量不足，腘绳肌未能充分激活，膝关节的前后稳定性失衡，ACL 承受的前向剪切力和拉力增加。此外，疲劳状态还会导致地面反作用力的峰值升高，进一步增加了膝关节的负担。

仿真结果揭示了不同姿态下 ACL 的应力分布。例如，在疲劳状态下，运动员的膝关节过度屈曲，导致 ACL 受到极大的拉力，从而增加了损伤的风险。通过比较疲劳前后的仿真数据，研究人员可以明确哪些运动姿势在疲劳状态下容易导致 ACL 损伤，并针对这些高风险姿势提出预防策略。

3. 预防策略

基于仿真分析，研究人员提出了预防 ACL 损伤的多项策略。首先，针对膝关节的力量训练尤为重要，特别是股四头肌和腘绳肌的协同训练能够提高膝关节的前后稳定性，从而减少 ACL 的负担。此外，通过调整运动员的着陆姿势，增加膝关节的屈曲角度，可以有效降低 ACL 的受力。在实际训练中，教练员可以根据仿真结果优化运动员的技术动作，例如避免在疲劳状态下进行高强度的跳跃、急停等动作，减少 ACL 的损伤风险。

4. 疲劳对其他关节的影响

ACL 的损伤最为常见，疲劳仿真技术同样可以用于分析其他关节和肌肉群在疲劳状态下的力学变化。比如，踝关节在疲劳状态下的屈曲和扭转容易导致肌腱拉伤，髋关节在过度疲劳时也会增加髋关节盂唇撕裂的风险。因此，疲劳仿真技术为全身多个关键部位的损伤预防提供了有效的评估手段。

(三) 疲劳仿真技术的应用前景

疲劳仿真技术不仅能够应用于特定运动项目的损伤预防，还可以在广泛的运动训练和康复过程中发挥重要作用。通过精准的疲劳仿真分析，运动员和教练员可以实时调整训练负荷，避免在高疲劳状态下进行高强度的技术动作。未来，随着仿真技术的不断发展，疲劳仿真技术可以与运动员的个人数据、实时监控系统结合，形成更加个性化的损伤预防方案。

此外，疲劳仿真技术还可以帮助改进运动装备设计。例如，鞋子的缓震性能、护膝的支撑效果、滑雪板的材料选择等都可以通过仿真分析进行优化，从而减少疲劳状态下的关节受力，降低运动损伤的发生率[1]。这种技术不仅适用于职业运动员，也可以在大众健身、康复治疗等领域推广应用，提升整体运动安全性和健康水平。

---

[1] 韩宇, 张锐, 陈凯祥, 等. 适用于初学者学习滑雪运动的新型仿生装备 [C] //第十三届全国体育科学大会论文摘要集, 2023.

第十二章 技术创新与装备开发在残疾人体育中的应用

随着科技的发展，现代体育的训练方式和装备设计已经进入了智能化和个性化的新时代。在残疾人冬季运动中，科技的应用尤为重要，因为残疾运动员的需求往往比健全运动员更为复杂多样[1]。在残疾人冬季运动的多个项目中，科技创新不仅提高了运动员的运动表现，还为他们提供了更好的安全保障、体能管理和损伤预防方案。本章将深入探讨这些技术创新与装备开发在残疾人冬季运动中的应用，并从装备优化、智能训练系统、运动生物力学分析、配速与战术策略优化等多方面展开探讨。

第一节 高科技装备的创新应用

高科技装备是残疾运动员在复杂的比赛环境中提高运动表现和减少体能消耗的核心工具。装备的设计不仅需要满足高强度滑行、灵活转向等运动需求，还必须根据运动员的残疾情况进行个性化优化。通过材料的创新、智能技术的引入，残疾人体育装备已经能够实现动态调整、实时反馈和多功能集成[2,3]。以下将具体讨论滑雪椅、滑雪杖、滑雪板的创新与应用。

一、滑雪椅的创新与应用

滑雪椅作为坐姿滑雪运动员的主要装备，其设计和功能的进步直接关系到运动员在比赛中的表现和安全性。滑雪椅不仅要提供足够的稳定性和支撑，还

---

[1] 何亮. 非凡的冰雪盛会精彩的科技答卷 [N]. 科技日报，2022-04-08 (1).
[2] 孙晓明，陈旭红. 从专利申请看滑雪装备的发展进步 [J]. 中国发明与专利，2014 (3)：26-29.
[3] 杨威，廖开放，魏佳，等. 冬奥会越野滑雪科学化发展历程回顾与分析 [J]. 中国体育科技，2020，56 (12)：99-109.

要根据不同的地形和滑行速度进行灵活调整以适应高强度的滑行需求。

（一）轻量化与材料优化

滑雪椅的轻量化设计是科技进步的显著成果。传统滑雪椅由于采用钢材或铝材，重量较大，不利于长时间滑行。现在的滑雪椅普遍采用了碳纤维和镁合金等新型材料，减轻了重量，使运动员在比赛过程中能够保持更高的速度和更长的持续时间。碳纤维不仅具有很高的强度重量比，而且在滑行中的振动吸收性能更好，能够减少复杂地形对运动员带来的不适感和能量损失。

（二）智能调节与能量回收技术

现代滑雪椅还集成了智能调节系统，能够根据运动员的滑行速度、雪面情况等自动调节椅体的重心和座椅角度，以确保运动员在不同地形上的稳定性和操控性。比如，当滑雪椅感应到运动员在急速转弯时，它会自动降低椅体的重心，增强稳定性，减少翻车的风险。同时，某些高端滑雪椅还配备了能量回收系统，通过内置的传感器捕捉运动员在滑行过程中产生的能量，并将其转化为电能，供智能反馈装置或其他设备使用。此项技术尤其适合长距离越野滑雪，能够在极端条件下持续提供技术支持。

（三）个性化调节与舒适性

滑雪椅的舒适性直接影响运动员的滑行效率和比赛表现（表12-1）。滑雪椅通常根据残疾运动员的具体身体状况进行个性化定制。例如，对于下肢残疾的运动员，滑雪椅的座位设计会特别强调对脊柱和腰部的支撑力，防止运动员在长时间滑行过程中出现背部疲劳。某些滑雪椅还采用了智能加热功能，尤其适用于低温环境下的比赛，确保运动员不会因寒冷导致身体僵硬。

表12-1 滑雪椅的创新与应用

特点	相应材料	功能创新	适用项目	适用残疾类型
轻量化设计	碳纤维、镁合金	减轻重量，减少运动员疲劳	高山滑雪、越野滑雪	下肢残疾
智能调节系统	动态传感器与智能控制芯片	自动调节重心和座椅角度，提高稳定性	高山滑雪、越野滑雪	下肢截肢、全身协调障碍
能量回收系统	内置传感器与智能电池	捕捉滑行能量，供智能设备使用	越野滑雪	长距离滑行运动员
个性化调节	定制化座椅	提供脊柱和腰部支撑，增加舒适性	高山滑雪、越野滑雪	下肢功能障碍

二、滑雪杖的高效推杆与智能反馈系统

滑雪杖是残疾运动员在滑雪项目中保持平衡和提供推进力的核心装备之一。为了适应不同的地形和残疾类型，滑雪杖的设计在轻量化、高强度以及智能反馈系统方面取得了显著进步。

（一）高强度轻量化材料

滑雪杖通常使用航空级铝合金或碳纤维复合材料制造，既能承受强大的推力又不增加运动员的负担。这种材料不仅具有极高的抗弯折和抗扭曲性能，还能够减少滑雪杖在滑行中的震动，确保运动员的手臂动作更加流畅和稳定。对于上肢力量较弱的运动员，轻量化设计显得尤为重要，可以有效减少手臂疲劳，提升长时间滑行的持久力。

（二）智能反馈与生物力学监测

现代滑雪杖内置了惯性导航系统，能够实时监测运动员的推杆动作、推力频率以及雪况信息。这些数据通过无线传输到教练员或运动员的设备上，提供实时反馈，帮助运动员调整推杆姿态和频率。例如，在长距离越野滑雪比赛中，滑雪杖会根据推杆力度和地形变化发出振动提示，提醒运动员提高推杆频率或调整发力角度，以保证最佳的滑行节奏。智能滑雪杖的生物力学传感器还能测量手部的抓握力和推杆稳定性，减少运动员因推杆失误而导致的滑行偏差。

（三）人体工学手柄与抓握优化

滑雪杖手柄采用了人体工学设计，能够更好地适应运动员的手部形状，减少长时间使用带来的疲劳（表12-2）。手柄内置的抓握力监测系统可以根据运动员的手部动作，提示抓握力度是否过紧或过松，帮助运动员在推杆时保持适当的力度，减少过度用力导致的肌肉疲劳。对于有上肢功能障碍的运动员，手柄的定制化设计能够提供额外的支撑和稳定性，使运动员在复杂地形中依然能够保持较高的控制力。

表12-2 滑雪杖的创新与应用

特点	相应材料	功能创新	适用项目	适用残疾类型
轻量化设计	航空级铝合金、碳纤维复合材料	高强度，减轻重量，减少手臂疲劳	高山滑雪、越野滑雪	上肢残疾、全身协调障碍

续表

特点	相应材料	功能创新	适用项目	适用残疾类型
智能反馈系统	内置惯性导航传感器	实时监测推杆动作，提供反馈与调整建议	越野滑雪、高山滑雪	长时间滑行运动员
生物力学监测	抓握传感器、推力传感器	测量抓握力度和推杆频率，优化发力方式	高山滑雪	上肢力量较弱或缺失运动员
人体工学手柄	定制化手柄设计	提供额外支撑与抓握力提示，减少手部疲劳	高山滑雪、越野滑雪	上肢残疾、手部抓握功能障碍运动员

三、滑雪板的多地形适应与智能调节

滑雪板作为滑雪运动中直接与雪面接触的装备，是滑行的稳定性和灵活性的关键影响因素。在科技的推动下，现代滑雪板能够根据地形、气温和滑行速度进行智能调节，为运动员提供最佳的滑行体验。

（一）智能复合材料与自适应调节

现代滑雪板采用了智能复合材料，如纳米碳纤维和智能聚合物，这些材料能够根据雪况和地形动态调节滑雪板的柔韧性。例如，在软雪或新雪条件下，滑雪板会自动调整其柔性，以提高雪面的抓地力和滑行稳定性。在硬雪或冰面上，滑雪板的硬度会增加，确保运动员在高速滑行时仍能保持较高的控制力和转向灵活性。滑雪板内置的微处理芯片能够实时采集雪况和速度数据，根据滑行情况自动调整板面的刚度和弯曲程度，使运动员能够在不同地形条件下保持最佳的滑行状态。

（二）动态调节与多地形适应性

滑雪板的动态调节能力特别适合越野滑雪中的长距离滑行需求（表12-3）。在越野滑雪中，运动员需要不断应对平地、上坡和下坡等多种地形，滑雪板的动态调节功能能够根据地形的变化自动调整其弧度和硬度，以确保滑行的平稳性和速度。例如，在上坡阶段，滑雪板的柔性会增加，帮助运动员更好地抓地，而在下坡阶段，滑雪板的硬度会增加，确保运动员能够稳定地滑行并快速转向。

表 12-3 滑雪板的创新与应用

特点	相应材料	功能创新	适用项目	适用残疾类型
智能复合材料	纳米碳纤维、智能聚合物	根据雪况和速度自动调整硬度与角度	高山滑雪、越野滑雪	下肢残疾、全身协调障碍
动态调节系统	内置微处理芯片	自动调整板面刚度,适应不同地形条件	越野滑雪、高山滑雪	长距离滑行运动员
多地形适应性	智能调节弧度与硬度	在平地、上坡、下坡条件下动态调整滑行状态	越野滑雪	下肢功能障碍

第二节 智能化训练与生物力学分析

随着大数据、人工智能（AI）和智能传感技术的迅速发展，传统的训练模式正在被更高效、更个性化的智能化训练系统所取代[1]。在残疾人冬季运动中，智能化训练系统不仅帮助运动员实现技术的精细化提升，还通过生物力学分析为其提供了针对性的体能优化、损伤预防和康复指导服务[2]。这些科技手段显著提高了训练的科学性、精确性和针对性。以下将从智能化训练平台、大数据驱动的个性化训练、生物力学分析与技术优化三大方面详细探讨其应用与影响。

一、智能化训练平台

智能化训练平台包括高速摄像、多种传感技术、数据分析和实时反馈系统，能够在训练中为运动员提供全方位的支持，帮助他们高效提升运动表现。这种训练模式已经广泛应用于残疾人各个冰雪项目。

（一）高速摄像

在科技助力北京冬奥的残奥冰球训练中，高速摄像技术为训练提供了精准的运动轨迹分析。训练将 2 台 JVC GCP100BAC 高速摄像机，分别置于场地的中场线左右两侧进行定点拍摄，摄像机高度为 1.4 米，拍摄频率为 200Hz，快门速度为 1/800s，两台摄像机的主光轴夹角为 90°。比赛开始前，拍摄三维框架，测试开始时移开框架，对左右半场的运动员全场拍摄，完整记录运动员的

---

[1] 袁守龙．体能训练发展趋势和数字化智能化转型［J］．体育学研究，2018，1（2）：77-85．
[2] 胡海旭，金成平．智能化时代的个性化训练——机器学习应用研究进展与数字化未来［J］．体育学研究，2021，35（4）：9-19．

比赛全过程（图12-1）。

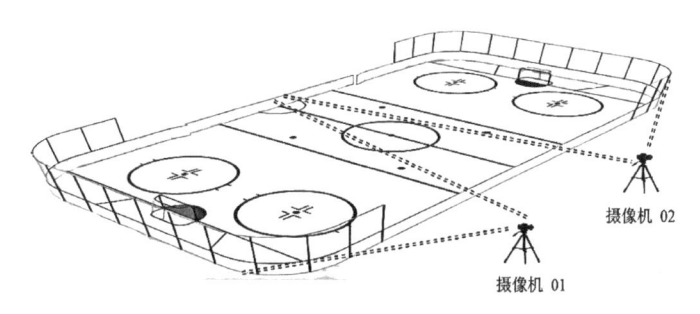

图12-1　残奥冰球二维训练场地

拍摄的录像通过 Simi Motion 系统进行三维录像解析，对运动员的身体标志点通过手动完成标注，解析模型采用了汉纳范（Hanavan）人体模型，使用 DLT 法计算出标志点的三维坐标。通过这些数据，教练员和运动员可以分析运动员的技术动作细节，识别运动过程中的技术薄弱点，并通过数据平滑处理减少噪声影响。这种基于高速摄像的训练分析为运动员的技术提升和损伤预防提供了重要参考。

（二）多传感器融合系统

智能化训练平台通常集成了多种传感器设备，包括惯性传感器、加速度计、心率监测器、肌电图（EMG）和运动捕捉系统等[1,2]。这些设备通过实时采集运动员在训练过程中的多种生理和运动数据，全面记录运动员的身体状态和动作表现。例如，在残疾人越野滑雪中，系统能够实时监控运动员的推杆频率、力量输出和心肺功能，同时捕捉滑雪过程中的姿态变化和滑行速度[3]。这种多维数据融合为教练员和运动员提供了精确的运动分析，帮助识别技术薄弱点并进行即时调整。

（三）实时反馈与个性化调整

智能化训练平台能够提供实时反馈，帮助运动员在训练中及时调整技术动

---

[1] 刘彦琴.基于多传感器数据融合的运动训练监控系统设计［J］.自动化与仪器仪表，2021（8）：160-163；167.

[2] 刘红星，魏玉芳，张利芳，等.基于多传感器的体育运动训练体能指标自动监测系统［J］.自动化与仪器仪表，2022（9）：120-123.

[3] 张锐明.多传感器组合在滑雪训练上的应用［J］.计算机光盘软件与应用，2014，17（20）：36-37.

作和体能策略[1]。平台内置的智能算法通过分析传感器采集的数据,为运动员提供个性化的反馈[2]。例如,在残疾人越野滑雪训练中,如果系统检测到运动员的推杆力量不足或心率过高,平台会及时发出警告,提醒运动员调整动作或降低训练强度。通过这种实时反馈机制,运动员可以在训练中避免疲劳过度或技术失误,确保训练的安全性和有效性。

为了实现对训练现场运动员技术动作的回看播放,重现关键技术细节,平台集成了实时录像与回放功能。以冰壶运动中的投壶动作为例,针对教练员关注重点:冰壶投掷前静止的冰壶与指挥者冰刷两点确定的直线和冰壶实际运行轨迹偏差的问题,训练中从冰刷方向用摄像机拍摄运动员正面投壶的技术动作,并将视频逐帧播放给教练员和运动员。

通过录像解析软件,逐帧展示冰壶的实际滑动线路及偏差,使教练员和运动员能够更清晰地观察投壶技术中的细微问题。这种回放功能不仅帮助精确记录训练过程中的技术动作,还实现了对投壶技术和冰壶实际运行轨迹的实时录制与反馈,从而为训练提供了更加直观和有效的指导工具(图12-2)。

图12-2 冰壶场馆训练视频实时回放提供反馈

这种基于视频回放和分析的反馈机制,结合实时的传感数据分析,使得智能化训练平台不仅能够帮助运动员即时调整技术动作,还能够通过视频回看深入分析动作细节,提供更精准的技术改进建议。这大幅提升了训练的科学性和针对性,使运动员能够在安全、精确的环境中高效提升表现。

(四)滑雪同步分析与多源数据整合

在残疾人高山滑雪运动的训练中,技术动作的精确反馈和多源数据的综合

---

[1] 王清. 运动训练实时反馈系统在跳水训练中的应用 [J]. 少年体育训练,2011(21):288.
[2] 刘昊扬. 基于人工智能的运动教练系统分析与展望 [J]. 北京体育大学学报,2018,41(4):55-60.

分析对于提升运动表现至关重要。滑雪同步分析软件的研发正是基于此需求，将各类传感数据（如心率、速度、加速度、姿态角度等）与视频信息相结合，实现了对运动员技术动作的实时监测、分析和反馈。该系统不仅能够帮助运动员优化滑行技巧，还能够通过多维数据分析，为教练员提供更加全面、精确的训练指导。

1. 数据同步与视频集成

滑雪同步分析软件将视频采集和传感器数据（如速度、加速度、心率等）的同步处理作为核心功能。通过多源数据的整合，该系统可以同时展示运动员的实时视频和生理参数。例如，教练员可以设定速度的阈值，分析不同速度段在运动员滑行中的占比，从而找出运动员速度变化的原因，进一步优化技术动作。

数据同步的关键在于传感器和视频时间标签的精确匹配。软件首先对传感器采集的数据进行解析，再根据视频的时间戳找到对应的数据点，实现时间上的精确对齐，确保传感器数据和视频同步显示。例如，在越野滑雪或高山滑雪训练中，教练员可以一边观看运动员的滑行视频，一边监控其心率和加速度的变化，实时发现技术问题并进行针对性调整（图12-3）。

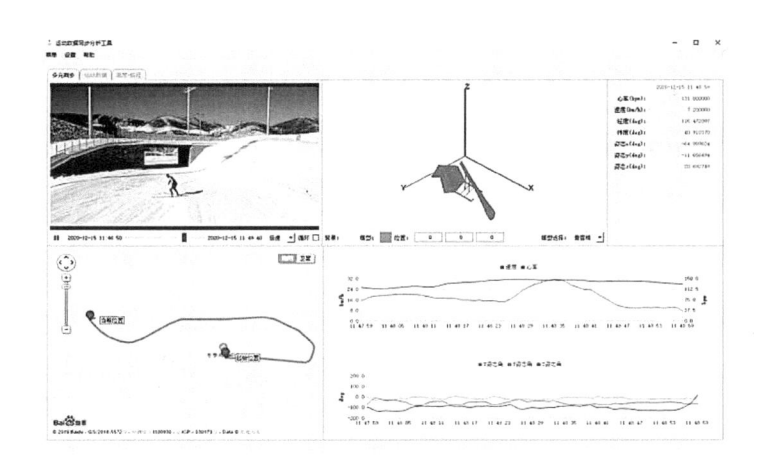

图12-3 滑雪同步分析软件

2. 轨迹展示与运动分析

滑雪同步分析软件能够绘制运动员的二维和三维滑行轨迹图，帮助教练员和运动员更直观地理解运动员在赛道上的滑行路径和速度变化。

科技助力冬残奥：残疾人运动科学与技术创新

二维轨迹图：通过坐标信息将滑行路径叠加在卫星地图上，显示运动员的实际滑行路线。这样，教练员可以清晰地看到运动员在比赛或训练中的每一步滑行轨迹，判断其是否遵循了最优路径，或者在哪些环节出现了偏离。对于高山滑雪等依赖复杂地形的项目，这种轨迹分析尤其重要，能够帮助运动员优化转弯技巧和滑行路线。

三维轨迹图：利用经纬度和高度数据，滑雪同步分析软件还能生成三维轨迹图，展现运动员在滑行过程中高度变化的情况。这对于分析运动员在坡道上的滑行表现至关重要。通过三维轨迹图，教练员能够直观了解运动员在滑行中是如何应对坡度变化的，并根据分析结果调整其重心转移和姿态控制等技巧。

此外，软件能够将运动员的速度信息叠加在轨迹图上，显示不同速度区段的滑行路径。为了确保轨迹与实际场地相符，软件使用 UTM（通用横截面墨卡托投影）方法，将 WGS84 经纬度坐标转换为平面坐标，以比例尺方式准确展示运动员滑行时的速度变化。通过这些可视化的分析，教练员和运动员能够清楚地了解滑行中的细节，发现潜在的技术薄弱环节（图 12-4）。

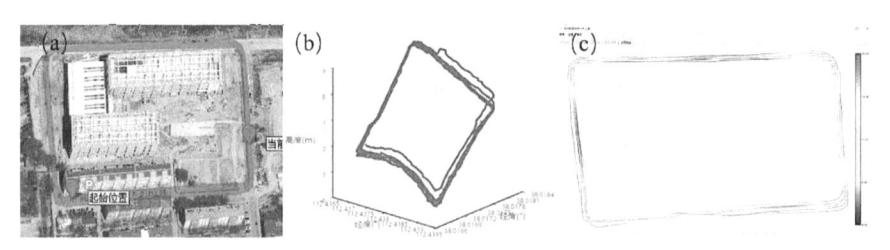

（a）轨迹叠加在卫星地图上　　（b）三维轨迹　　（c）叠加速度信息的二维轨迹

图 12-4　多重信息与运动轨迹融合展示

3. 实时在线监测与数据反馈

滑雪同步分析系统还配备了实时在线监测功能，通过智能手机、传感器和网络技术，实时收集和处理运动员的训练数据。这一功能使教练员和运动员可以在雪场现场即时获取分析结果，为训练中的技术调整提供及时反馈。

系统通过蓝牙将可穿戴传感器与智能手机连接，并通过 4G 网络将采集的数据传输至服务器端。与此同时，雪场中的 PC 端通过连接图像采集卡设备，接收无人机或定点摄像机拍摄的视频图像，并将其与传感数据同步传输至服务器。服务器对数据进行存储和处理后，通过 PC 软件解析和展示，生成详细的技术报告（图 12-5）。

第十二章 技术创新与装备开发在残疾人体育中的应用

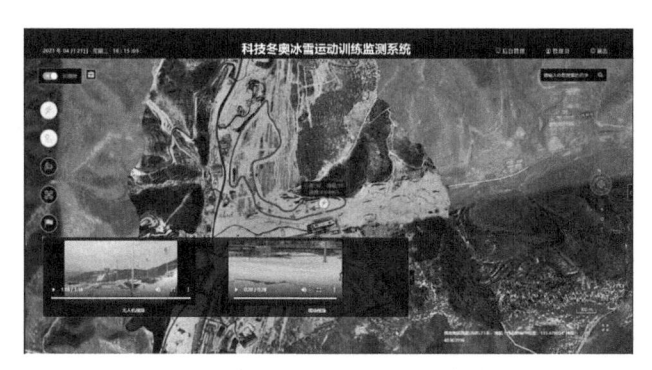

图 12-5 云端实时在线监测系统

4. 技术报告与数据分析

在训练结束后，滑雪同步分析软件能够导出全面的技术报告。报告内容包括训练全程的滑行轨迹、速度、心率、加速度、训练时长、最大速度、最大心率等关键指标。这些数据为教练员和运动员提供了训练效果的直观反馈，帮助他们深入分析技术动作和体能消耗的情况。

例如，在高山滑雪项目中，运动员的最大速度和最大心率往往决定了其在关键赛段的表现。通过技术报告，教练员可以分析运动员在长时间滑行中的心率变化，判断其体能是否得到了合理分配。如果报告显示某一段的心率异常偏高，教练员可以通过调整训练计划，帮助运动员更好地管理体能，避免过度疲劳或能量浪费（图 12-6）。

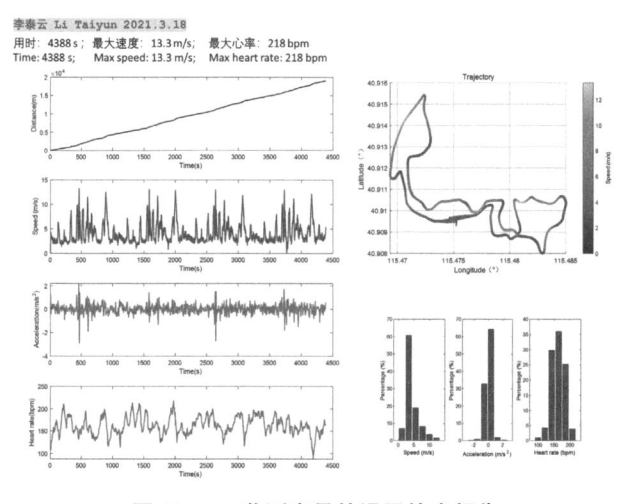

图 12-6 监测出具的滑雪技术报告

二、大数据驱动的个性化训练

在残疾人冬季运动中，个性化训练是提升运动表现的关键，因为每位运动员的残疾类型和运动需求各不相同。通过大数据和人工智能技术，教练员和运动员能够制订更加精准的训练计划，提升训练的效率和针对性。

（一）数据采集与分析

智能化训练系统通过多种传感设备和监测工具，长期采集运动员的训练和比赛数据[1,2]。这些数据包括运动员的技术动作、力量输出、心肺功能、运动速度等多方面信息。大数据平台通过分析这些数据，识别运动员的技术优势和弱点，并为其提供个性化的训练建议。例如，对于上肢力量较弱的坐姿滑雪运动员，数据分析可能会显示其在上坡阶段的推杆频率和力量不足，导致滑行速度下降。系统会为运动员推荐加强上肢力量训练的计划，并通过对比数据评估训练效果。

（二）人工智能算法与训练方案优化

人工智能（AI）算法是大数据驱动训练系统的核心。通过 AI 的机器学习算法，系统能够根据历史数据和实时监控情况，为每位运动员定制个性化的训练计划[3]。例如，AI 可以根据运动员在特定训练阶段的心率、速度和力量输出，自动调整训练强度和内容，确保运动员在不同的训练周期达到最佳效果。对于残疾运动员，AI 还可以根据其残疾类型和功能限制，提供特定技术动作的改进建议，帮助运动员优化滑行姿态或推杆技巧。

（三）动态调整与进度评估

基于大数据的训练系统还具备动态调整能力，能够根据运动员的训练进展和体能状态，实时调整训练内容和强度[4]。例如，当系统检测到运动员的心肺功能在高强度训练后尚未恢复到正常水平时，系统会建议降低训练强度，或者通过增加低强度训练促进恢复。同时，系统会通过数据可视化工具展示运动

---

[1] 杨成波. 运动训练数据驱动决策发展方式的实现基础与实现策略 [J]. 广州体育学院学报, 2020, 40 (1)：86-90.
[2] 谢恩礼, 詹建国. 步态生物力学大数据分析研究进展 [J]. 医用生物力学, 2021, 36 (6)：984-989.
[3] 秦于可, 孙浩. 大数据下运动训练的科学性研究 [J]. 文体用品与科技, 2023 (12)：129-131.
[4] 邓任花. 大数据在运动训练监控中的应用研究 [J]. 运动精品, 2018, 37 (1)：84-85.

员的进步情况,包括技术动作改进、体能提升等,使运动员和教练员能够清晰地了解训练效果,及时调整训练策略(表12-4)。

表12-4 大数据驱动个性化训练的应用与优势

功能	技术手段	优势	适用项目
数据采集与分析	多传感器、数据平台	全方位记录运动员训练数据,分析技术动作与生理状态	高山滑雪、越野滑雪、单板滑雪
AI算法与训练方案优化	机器学习算法、历史数据分析	自动优化训练计划,提升训练效果	越野滑雪、单板滑雪、冬季两项
动态调整与进度评估	实时数据监控、数据可视化工具	实时调整训练强度,清晰评估进度	高山滑雪、越野滑雪

三、生物力学分析与技术优化

生物力学分析是现代体育科学中不可或缺的技术,尤其在残疾人体育中,它通过细致分析运动员的技术动作和受力情况,帮助运动员提升运动表现并减少运动损伤[1]。通过运用先进的生物力学分析技术,教练员和运动员可以在训练和比赛中做出更为精准的调整,确保每个动作的力学效率达到最优[2]。该技术为优化技术动作、改善肌肉协调性、预防运动损伤等多个方面提供了科学依据(表12-5)。

表12-5 生物力学分析在残疾人体育中的运用

分析工具	应用技术	应用场景	适用项目
三维动作捕捉系统	摄像机、多传感器数据捕捉系统	动作技术分析,优化关节角度和力量输出	高山滑雪、单板滑雪、越野滑雪
肌电图(EMG)	表面肌电分析设备	肌肉发力模式分析,提升技术动作协调性	轮椅冰壶、高山滑雪
力学分析系统	动作捕捉与数据分析	动作模式分析,优化不同肌肉群的协同发力	单板滑雪、越野滑雪
康复仿真分析系统	数据捕捉、虚拟康复仿真平台	运动损伤康复,动态追踪技术恢复	高山滑雪、越野滑雪

---

[1] 霍波,李彦锋,高腾,等.体育人工智能领域关键技术的研究现状和发展方向[J].首都体育学院学报,2023,35(3):233-256.
[2] 刘程林,郝卫亚,霍波.运动生物力学发展现状及挑战[J].力学进展,2023,53(1):198-238.

（一）动作捕捉与力学分析

动作捕捉系统与测力台是生物力学分析中最常用的工具，特别是在对复杂运动轨迹和运动模式进行详细分析时，它们扮演着关键角色[1]。三维动作捕捉系统利用摄像机和多传感器记录运动员的动作轨迹，生成精确的关节角度和重心变化等数据，这些数据可以用来评估运动员的技术动作是否合理，以及动作中的某些细微缺陷是否导致运动表现的下降或增加损伤风险。

例如，在残疾人越野滑雪项目中，动作捕捉系统能够记录运动员推杆动作的轨迹和角度变化。如果运动员在推杆时肘部或肩部角度过大或过小，可能导致力量输出不足，进而影响滑行效率。通过结合力学分析，系统可以生成关节角度与推力之间的关系图，清楚地展示出哪些角度能够产生最大的推力，帮助运动员调整姿态，优化滑行表现。

力学分析同样在关节力学研究中扮演重要角色。通过测力台的分析，研究人员可以精确测量运动员训练或比赛中的地面反作用力，揭示运动员在不同技术动作中的受力分布情况。力学分析还可以帮助识别动作中的高负荷区域，例如，在单板滑雪中，运动员的膝关节可能会在特定滑行动作中承受过大的压力，从而增加损伤风险。根据这些数据，运动员可以在训练中进行针对性的调整，从而降低运动损伤的发生概率。

（二）肌电分析与肌肉协调性优化

在残疾人体育中，由于残疾的特性，不同运动员的肌肉协调性存在显著差异。某些肌肉的功能可能由于残疾受到限制，导致代偿肌肉过度发力，从而影响技术动作的稳定性和有效性。因此，"肌电图（EMG）"分析被广泛用于评估运动员的肌肉使用情况，帮助识别肌肉的激活顺序和发力强度，从而优化肌肉协调性[2]。

通过表面肌电分析设备，研究者可以监测运动员在特定动作中的肌肉激活模式。例如，轮椅冰壶运动员在投壶时，肩部、背部和手臂肌肉的协调发力至关重要。通过肌电分析，可以精确测量每个肌肉群的发力时间点和强度。如果发现某些肌肉过度激活，而其他肌肉却没有有效参与，可以为运动员设计更加

---

[1] 范云峰. 基于改进ICP算法的人体运动训练动作捕捉模型设计［J］. 九江学院学报（自然科学版），2022，37（2）：70-73，91.

[2] 周嘉琳，杨国伟，孙超，等. 肌电技术在日常运动训练疲劳检测中的应用［J］. 毛纺科技，2023，51（6）：46-54.

个性化的训练方案，提升整体协调性。

在高山滑雪等项目中，残疾运动员在使用不同类型滑雪器械时，不同肌肉群的发力模式各有不同。例如，腿部肌肉可能由于姿态调整不当而受力过大，从而影响滑行的稳定性。通过 EMG 分析，可以调整运动员的姿势和滑行技巧，使不同肌肉群协同工作，减少不必要的疲劳，提升运动表现。

肌电图分析的优势在于，它不仅可以评估现有的技术动作，还可以作为康复训练中的重要工具。例如，在运动损伤康复过程中，EMG 分析能够帮助评估肌肉的恢复情况，并确保在恢复训练中不同肌肉能够逐步回归到正常的协调状态，避免再次受伤。

（三）运动损伤的预防与康复

运动损伤是竞技体育中常见的问题，尤其在残疾人体育中，由于运动员的身体状况特殊，一些动作可能导致更大的受伤风险。因此，通过生物力学分析进行运动损伤的预防与康复显得尤为重要。

首先，测力台与关节受力分析能够通过测量残疾运动员在滑行或其他运动过程中的关节受力情况，帮助识别出高风险动作[1]。例如，在单板滑雪的高速滑行过程中，运动员的膝关节和踝关节承受了巨大的反作用力。如果这些力超过了关节的承载能力，就可能导致损伤。通过分析运动员在不同动作中的受力数据，教练员可以为运动员制定更加安全的技术动作和姿势，降低损伤风险。

此外，生物力学分析还能用于运动损伤后的康复训练。在康复过程中，运动员的身体需要逐步适应训练负荷，恢复技术动作的标准化。通过动作捕捉和肌电图分析，康复专家能够跟踪运动员的恢复进展，确保他们在恢复过程中没有因过度训练而再次受伤[2,3]。例如，在膝关节手术后的康复训练中，生物力学分析能够提供实时数据，帮助调整关节的活动范围和力量输出，确保关节逐步恢复正常的功能。

康复过程中，EMG 分析也同样重要。通过监测运动员肌肉的恢复情况，康复专家可以实时评估每个肌肉群的功能恢复进展，帮助运动员制订更加科学

---

[1] 吴羽平. 运动康复生物力学在运动损伤和康复中应用研究 [J]. 体育世界，2024（2）：144-146，162.
[2] 何天宇. 基于肢体协调运动的下肢康复训练路径规划与动作分类方法研究 [D]. 长春：长春工业大学，2023.
[3] 李雅洁，王燕妮. 基于表面肌电信号分形熵算法的运动康复效果评价 [C]//第十三届全国体育科学大会论文摘要集. 北京：首都体育学院，2023.

的康复训练计划[1]。最终目标是在确保运动员安全的前提下，逐步提高他们的运动表现，降低再次受伤的可能性。

第三节 生物力学测试方法的创新与实践

一、无障碍虚拟现实滑雪模拟平台的创新研究

虚拟现实（VR）技术的快速发展为运动生物力学研究和运动员训练提供了前所未有的创新工具。无障碍虚拟现实滑雪模拟平台通过结合虚拟现实、气动控制、力学传感和智能反馈系统，实现了对截肢残疾运动员的全面训练支持与生物力学测试分析。该平台不仅能够模拟越野滑雪运动员的训练场景，还可以对运动过程中的力学参数进行实时监测和调整，具有显著的创新性与应用前景。

（一）技术路线与主要创新指标

无障碍虚拟现实滑雪模拟平台的技术路线基于虚拟现实显示系统 V1.0（Virtual Reality Display System V1.0）和滑雪模拟器的气动控制系统，综合了气动力学、计算机视觉、人工智能、虚拟现实等多学科的技术。

1. 技术路线

（1）硬件集成。集成气动控制系统、力学传感器、VR 头戴显示设备以及计算机控制系统，形成一个闭环控制的滑雪训练环境。

（2）软件开发。开发虚拟现实显示系统，模拟滑雪场景及运动路径；搭建控制算法和生物力学模型，实时分析运动员的姿态和力量变化。

（3）数据采集与分析。通过传感器和气动控制模块，获取运动员的生物力学参数（如推力、滑行速度、身体姿态等），并进行实时反馈和提出调整建议。

2. 主要创新指标

（1）气动控制系统的创新。采用无杆气缸和背压控制模块，模拟越野滑雪的真实场景与动作过程，使运动员能够体验接近实际滑雪的阻力和运动

---

[1] 王楠，张昕. 神经肌电图（EMG）检测对臂丛神经损伤的诊断价值分析 [J]. 中国医药指南，2016，14（33）：120-121.

感受。

（2）实时反馈与调整。利用 VR 和传感器技术实时监测和分析运动员的姿态和动力学参数，实现个性化的训练方案设计和即时调整。

（3）多模式应用支持。平台支持站姿和坐式越野滑雪模拟，适用于不同类型的残疾运动员。

（二）系统模块功能与测试应用

无障碍虚拟现实滑雪模拟平台的系统模块主要包括以下几个部分，每个部分的功能相辅相成，共同实现了滑雪训练与生物力学分析的综合目标：

1. 系统模块功能

（1）气动控制模块。基于气动无杆气缸和电控阀门系统，提供对运动员滑行动作的模拟和支撑。通过调节气缸的背压和快速排气系统，能够精准控制滑块的运动轨迹与速度，实现对不同滑雪场景的模拟。

（2）虚拟现实显示模块。采用 Virtual Reality Display System V1.0，通过高分辨率 VR 头显设备呈现真实的越野滑雪场景。系统内置多种滑雪模式，适应不同地形和难度，满足从初学者到专业运动员的训练需求。

（3）数据监测与反馈模块。包括压力传感器、位置传感器和惯性测量单元（IMU），实时监测运动员的生物力学参数和动作表现。数据通过无线的方式传输到主控制器，结合深度学习算法进行分析，生成实时反馈信息。

（4）训练管理与控制模块。综合控制整个模拟平台的操作和管理，包括运动模式的选择、数据分析的展示与存储，以及运动员训练效果的评估。教练员和运动员可以根据数据实时调整训练策略和方法。

2. 测试应用

在多个越野滑雪运动员的训练场景中应用，验证系统的稳定性、实时反馈功能和生物力学数据采集的精度。测试结果表明，模拟平台能够显著提高运动员的滑雪技能和技术表现。

（三）训练测试结果分析与性能评估

在实际测试中，利用该无障碍虚拟现实滑雪模拟平台对不同水平的站姿和坐式越野滑雪运动员进行了训练测试，重点分析其在模拟器上的表现与真实场地训练的差异，并评估平台的性能与训练效果。

1. 训练效果的对比分析

（1）运动员滑行速度与推力分析。平台能够有效模拟越野滑雪中的不同滑行速度和阻力条件，通过分析滑雪杖推力和滑行轨迹，调整训练难度和强度（图 12-7）。

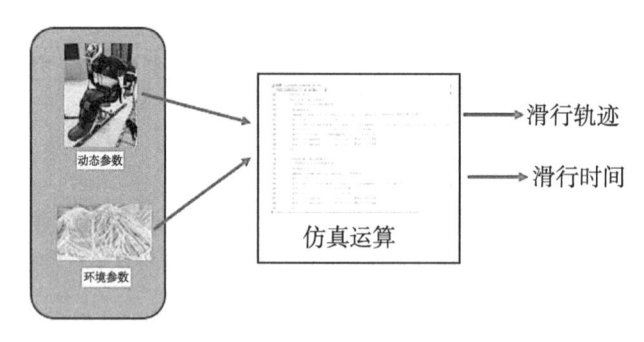

图 12-7　滑行轨迹模型仿真流程图

（2）运动技术改进评估。通过惯性参数和姿态数据的实时反馈，教练员可以针对运动员的技术动作进行指导与纠正。测试结果显示，运动员在使用模拟器训练后，其技术动作的协调性和稳定性有显著提升。

（3）平台稳定性与响应速度。系统具有较高的稳定性，气动控制模块能够快速响应运动员的操作需求，平台的实时性和精度满足高强度训练要求。

2. 性能评估与优化建议

（1）系统精度。通过与实际场地数据对比，系统的惯性参数测量误差在可接受范围内，确保了训练的有效性和可靠性。

（2）平台的可扩展性。未来可以集成更多的传感器和 VR 场景，进一步丰富训练内容和优化训练效果。

（四）技术推广与应用前景

无障碍虚拟现实滑雪模拟平台的开发和成功测试，为越野滑雪运动员的训练与生物力学分析提供了新的工具和思路。随着技术的不断优化和成熟，未来该平台具有广泛的推广和应用前景。

1. 技术推广方向

（1）专业训练中心和运动队。推广至国家级滑雪训练中心和各级残疾人运动队，帮助运动员在非雪季和雪量不足的条件下维持高效训练。

（2）康复与健身领域。利用平台的个性化训练和虚拟现实模拟功能，帮助截肢和其他残疾人群进行康复训练，恢复运动功能，提升生活质量。

（3）大众健身与教育。结合 VR 游戏和娱乐功能，将平台引入健身俱乐部和学校体育课程，推广越野滑雪运动，提高大众对冰雪运动的兴趣和参与度。

2. 应用前景展望

（1）持续优化与功能拓展：未来可结合 AI 算法、机器学习和云计算技术，开发更智能化和个性化的训练方案，并提供跨平台的数据分析与管理服务。

（2）国际合作与标准制定：推进与国际滑雪联合会（FIS）和残奥委会的合作，共同制定虚拟滑雪训练平台的标准规范，推动创新技术的全球应用与发展。

3. 成果展示

（1）Virtual Reality Display System V1.0：已成功应用于越野滑雪模拟平台，显著提升了训练的沉浸感和真实感。

（2）滑雪模拟器的气动控制系统：在实际应用中展现出优异的稳定性和精度，成为无障碍虚拟现实滑雪模拟平台的重要组成部分。

二、滑雪运动状态的智慧监测系统开发与应用

滑雪运动状态的智慧监测对于提升运动员的技术水平和训练效果具有重要意义。在实际训练中，通过无人机、可穿戴传感系统等多种技术相结合的方式，能够有效监测运动员的生理参数、运动学数据及视频图像等多源数据，实现数据的整合分析与反馈，从而助力滑雪运动技术的提升和训练方法的优化。下面将详细介绍无人机运动监测系统的开发与应用、可穿戴传感系统的集成与测试、滑雪同步分析软件的研发与应用，以及系统精度验证与性能评估。

（一）无人机运动监测系统的开发与应用

在滑雪训练和比赛中，运动员的快速移动和大范围运动导致传统地面监测难以实时和全面地覆盖整个运动场景。无人机监测系统的开发和应用为这一问题提供了创新解决方案，能够在复杂的滑雪环境中实现高效的运动监测和数据收集。

1. 无人机系统的配置与技术特点

无人机运动监测系统的核心在于其高效的拍摄和传输能力。选用的无人机平台（如 DJI 悟 2）具有以下特点：

（1）高效飞行能力与稳定拍摄。该无人机可在高速（最高 94 km/h）和高

空（最高 2500m）环境下稳定飞行，搭载新型三轴稳定云台相机（如禅思 X7），能够有效消除拍摄过程中因快速飞行带来的抖动，确保影像的清晰度和稳定性。

（2）高清晰度视频录制。禅思 X7 相机支持最高 6K CinemaDNG/RAW 和 5.2K Apple ProRes 视频录制，提供高分辨率的视频数据，便于后期分析运动员的技术动作和赛道策略。

（3）智能飞行与避障功能。无人机配备了双频图像传输、视觉避障、多方位视觉定位及红外感知系统，能够在复杂环境下自主躲避障碍物，确保飞行安全。

2. 应用场景与监测策略

在滑雪运动监测中，无人机的应用主要集中于大范围场地监控和特定技术动作捕捉。

（1）全程监控与多视角拍摄。无人机可以根据设定的航线在赛道上空飞行，实时捕捉运动员的滑行路径、速度变化和战术策略，为教练员提供多角度的动作分析素材。

（2）智能跟随与重点区域监控。通过搭载的 AI 算法，无人机能够识别和追踪运动员的移动轨迹，特别是在回转、跳跃等复杂技术动作区域实现精准捕捉，帮助分析运动员的技术细节。

3. 数据集成与反馈机制

无人机运动监测系统与地面监控设备和滑雪同步分析软件无缝集成，能够在拍摄的同时进行数据传输与处理。

（1）实时数据传输与分析。通过无线网络和数据传输系统，无人机捕捉的高清视频、速度、位置信息能够实时传输到地面监控系统，与其他传感器数据（如生理参数和运动学数据）同步显示和分析。

（2）即时反馈与战术调整。基于监测数据的实时分析结果，教练员可以快速调整训练计划和战术策略，提升训练的针对性和有效性。

（二）可穿戴传感系统的集成与实际测试

可穿戴传感系统在滑雪运动监测中的应用，为教练员和运动员提供了多维度的数据支持。它能够实时采集运动员的生理和运动学数据，为训练和比赛提供科学依据。

1. 可穿戴传感系统的组成与特点

可穿戴传感系统通常包括多个不同类型的传感器模块，用于监测运动员的不同生理与运动参数。

（1）心率传感器与 GPS 模块。心率传感器能够实时监测运动员的心率变化，结合 GPS 模块数据，可以分析运动员在不同滑行阶段的心率变化趋势及其与速度、距离的关系，为体能监控和战术策略提供数据支持。

（2）姿态传感器与 IMU 模块。姿态传感器和惯性测量单元（IMU）可实时捕捉运动员的姿态角度、加速度、方向等数据，特别是在高难度滑雪动作（如跳跃、回转）中监测运动员的重心变化和动作稳定性。

2. 系统集成与数据同步策略

在滑雪运动监测中，可穿戴传感系统的集成和数据同步是关键挑战之一。

（1）多源数据的时间同步方法。采用基于卫星授时的时间同步方案，通过互相关分析和速度二分法的算法解决不同传感器（如 IMU 和 GNSS）之间的时间同步问题，实现多源数据的高精度同步，确保分析的准确性和一致性。

（2）数据整合与融合分析。各传感器模块采集的数据通过无线传输与无人机监控系统和滑雪同步分析软件集成，形成多源数据融合平台。系统能够对心率、速度、姿态、轨迹等数据进行综合分析，为教练员提供运动员表现的多维度反馈。

3. 实际测试与应用案例

通过实际测试，验证了可穿戴传感系统在滑雪运动中的有效性和适用性。

（1）测试场景与数据验证。在多种滑雪场景（如越野滑雪和高山滑雪）中进行的测试显示，系统能够精确捕捉运动员的运动学数据和生理信号，并将这些数据与视频影像同步显示，为滑雪技术动作的识别和分析提供了全面的支持。

（2）应用效果与改进方向。测试结果表明，可穿戴传感系统的便携性和高精度为运动监测和训练优化提供了强有力的工具。未来的改进方向包括优化传感器的续航能力和数据传输速度，以适应更复杂的训练环境和高强度的运动需求。

（三）滑雪同步分析软件的研发与应用

滑雪同步分析软件是滑雪运动状态智慧监测系统中的核心组成部分。通过将多种传感器的数据（如无人机影像、可穿戴传感数据）进行整合和同步分析，该软件实现了对滑雪运动员技术动作和运动状态的全程监测与反馈，为滑雪训练和比赛提供了科学的辅助支持。

1. 滑雪同步分析软件的研发背景与需求分析

滑雪运动员的训练过程中，传统的观察和记录方式无法全面捕捉运动员在滑雪过程中的动态表现。滑雪同步分析软件应运而生，旨在解决以下问题：

（1）多源数据的同步与展示。由于无人机、可穿戴设备等多种传感器同时工作，需要软件将各类传感数据（视频、心率、轨迹、速度、加速度、高度、姿态角等）进行同步显示与分析，确保教练员和运动员可以从不同维度了解运动表现。

（2）实时反馈与性能评估。软件需要具备实时处理能力，能够在运动员训练过程中，及时对数据进行分析与反馈，为战术调整和技术动作优化提供即时依据。

2. 核心功能模块与实现方法

滑雪同步分析软件由多个功能模块组成，确保数据的高效处理与可视化展示。

（1）数据解析与预处理模块。为提高软件运行的流畅度和运行效率，首先对传感器数据进行一次解析处理。数据解析过程包括时间校准、噪声过滤与异常数据处理，为后续的数据同步和分析奠定基础。

（2）多源数据同步与融合分析模块。该模块以视频和传感器的时间标签作为同步依据，结合可穿戴传感器、无人机影像、定点摄像机等数据，实现多维度数据的同步展示与分析。同步分析软件能够绘制运动员的二维和三维轨迹图，显示运动过程中的速度、心率、姿态等参数的变化情况。

（3）智能分析与动作识别模块。通过设定速度、加速度、心率等参数的阈值，软件可以对运动员的滑雪技术动作进行自动识别与分类。例如，使用机器学习和自动寻峰算法分析运动员的撑杖数、跨步数和技术动作周期等，帮助教练员了解运动员的技术特点和存在的问题。

（4）结果反馈与技术报告生成模块。软件能够根据分析结果生成滑雪技术报告，包括运动员的速度曲线、轨迹图、心率变化趋势图等，为教练员和运动员提供直观的数据反馈与建议。报告内容涵盖训练全程的路程、速度、心率、加速度、轨迹、训练时长等多项参数。

3. 实际应用与优化方向

滑雪同步分析软件已在多次实地测试和训练中得到应用，表现出优异的监测效果和数据分析能力。

（1）应用案例与成效展示。在滑雪训练中，软件能够结合无人机跟踪视频和可穿戴传感器数据，实时生成运动员的二维和三维轨迹，帮助教练员评估运动员的技术动作，并对训练进行针对性指导。

（2）未来发展方向。滑雪同步分析软件未来可进一步优化多源数据的融合算法和界面友好性，提高数据处理的效率和实时性。同时，可引入更多的智能分析手段，如深度学习和 AI 算法，进一步提升技术动作的自动识别能力。

（四）系统精度验证与性能评估

在滑雪运动状态智慧监测系统的开发与应用中，系统的精度和性能是其能否有效支持运动员训练和比赛的关键因素。为了确保系统的可靠性和准确性，进行了多种场景下的精度验证和性能评估。

1. 精度验证方法与实验设计

为了验证系统的精度，研究团队设计了多种实验方法，以评估不同传感器和设备在实际滑雪条件下的表现。

（1）静态与动态精度验证实验。通过转台实验、差分 GPS 和无人机高空定点拍摄等方法，对可穿戴传感器、惯性传感器、差分 GPS 以及无人机影像解析的精度进行验证。结果显示，在静态情况下，惯性传感器系统的精度为 2°，最大偏差为 0.029m，磁偏角为 3.18°；在动态条件下，差分 GPS 测得的三维轨迹与实际相符，验证了系统在不同运动状态下的高精度。

（2）多源数据时间同步验证。采用基于卫星授时的时间同步方案，通过对无人机、IMU 和 GNSS 等传感器数据的多次校准和互相关分析，验证了不同数据源在实际环境下的时间同步精度和一致性，保证了数据融合分析的准确性。

2. 系统性能评估与改进建议

对整个滑雪运动状态监测系统的性能进行了全面评估，包括数据采集、传输、分析和反馈各个环节。

（1）数据采集与传输效率。无人机视频图像通过图传技术传输到地面计算机，并通过网络传输到服务器端，测试表明在高带宽条件下传输稳定且数据丢失率极低。可穿戴传感器的数据通过蓝牙和 4G/5G 网络传输至服务器，实际测试表明传输速度和稳定性均符合预期要求。

（2）数据分析与实时反馈能力。系统能够在运动员训练过程中实时分析传感器数据，生成包括速度、心率、轨迹等在内的实时反馈。测试表明，系统对多源数据的处理时间在毫秒级别，足以满足滑雪训练中的即时反馈需求。

（3）系统可靠性。系统在多次实地训练和科技服务中表现稳定，得到了运动队教练团队的高度评价。未来可进一步提高传感器的抗干扰能力和增加电池续航时间，以更好适应极端环境下的应用需求。

三、创新技术手段在生物力学测试中的应用

在现代竞技运动中，尤其是对于冬季项目的残疾运动员，生物力学测试手段的创新应用不仅提高了训练的科学性和有效性，也为运动风险管理提供了重要的技术支持。通过静息心电图与运动心电图的监测、高原与低温条件下生物力学监测方法的优化，以及新型传感器与深度学习的结合应用，生物力学测试手段正在不断革新，为运动员的科学评估和训练优化提供了多维度的数据支持和技术保障。

（一）静息心电图与运动心电图在运动员评估中的应用

在高水平竞技运动中，特别是对于残疾运动员，心电图的监测和分析是评估运动员身体机能、筛查潜在风险和优化训练方案的重要手段。静息心电图和运动心电图作为两种常见的心脏评估工具，能够提供有关运动员心脏健康状况的详细信息，为教练员和医疗团队制定个性化的训练和比赛策略提供科学依据。下面将详细探讨静息心电图和运动心电图在运动员评估中的应用，重点分析其在残疾人冬季运动项目中的作用及其应用价值。

1. 静息心电图的基础与应用

静息心电图（Resting Electrocardiogram，ECG）是一种在运动员静止状态下进行的心电图检查，通过测量心脏的电活动评估心脏的基本功能。静息心电图的主要作用在于监测心脏的电活动是否存在异常，如心律不齐、传导阻滞、早搏等问题，进而识别运动员的潜在心脏风险。

（1）静息心电图在冬季残疾运动员中的应用。根据《中国冬季项目残疾运动员静息心电图特点分析及异常发生率研究》[1]，在2022年北京冬残奥会的167名运动员中，32人出现了心电图异常，异常率为19.16%。异常类型包括ST-T改变、左室高电压、早复极、T波改变和传导阻滞等。这些异常在不同项目的运动员中存在显著差异，例如轮椅冰壶运动员的异常比例最高，而单板滑雪运动员的异常比例较低。这些数据提示，静息心电图能够有效评估残疾运动员的心脏状态，有助于运动医学团队提前发现潜在的心脏问题，规避运动

---

[1] 张建红，孙驰宇，朱欣媛，等．中国冬季项目残疾运动员静息心电图特点分析及异常发生率研究［J］．当代体育科技，2023，13（21）：12-17.

风险。

(2) 心电图异常的运动风险评估。运动员的心电图异常可能与其长期高强度训练、运动类型和个体差异有关。例如，T 波倒置和 ST 段改变是心电图上常见的异常表现，提示可能存在心肌缺血或心脏病变的风险。对于残疾运动员，尤其是进行高强度耐力训练的运动员，这些异常可能更为突出，因此需要密切监测，确保心脏健康不受训练和比赛影响。通过定期的静息心电图检查，运动医学团队能够对运动员的心脏健康进行持续跟踪和评估，为安全参赛提供保障。

(3) 静息心电图的个性化解读与训练指导。在应用静息心电图进行评估时，需要结合运动员的具体情况进行个性化解读。优秀运动员的心电图往往不同于一般人群，这与他们的长期训练和生理适应有关。例如，窦性心动过缓在普通人群中可能被视为异常，但在耐力型运动员中则是一种适应性表现。对于残疾运动员，尤其是那些在特殊条件下进行训练的运动员，心电图的解读标准需要结合其运动项目特点、训练负荷和身体状况进行调整，避免误判和过度医疗干预。

2. 运动心电图的作用与分析

运动心电图（Exercise Electrocardiogram，EECG）是一种在运动过程中进行的心电图检查，通过评估运动员在运动状态下的心脏反应，分析心脏在负荷增加时的功能表现。运动心电图通常用于检测冠状动脉疾病、评估运动引起的心律失常风险和判断运动员的运动能力。

(1) 运动心电图在高强度训练监控中的应用。运动心电图能够实时记录运动员在运动过程中的心电活动变化，是评估运动员心脏耐力和适应性的重要工具。在冬季项目的高强度训练中，运动心电图可以帮助教练员和医疗团队了解运动员的心脏在高强度和长时间负荷下的表现，例如心率加速、心律不齐和心肌缺血等情况。通过这些数据，教练员可以调整训练强度和模式，避免因过度训练导致的运动员疲劳和伤病。

(2) 运动心电图在心血管适应性评估中的应用。研究表明，长期耐力训练会导致运动员心脏结构的适应性变化，例如心肌肥厚和窦性心动过缓。这些变化在静息状态下可能难以完全显现，因此，运动心电图作为一种动态的评估工具，可以被用来更全面地了解心脏在实际运动条件下的适应性。例如，运动心电图可以帮助评估心肌缺血的早期表现，特别是在存在潜在冠状动脉狭窄或其他心血管问题的情况下，为运动员的安全和运动表现提升提供数据支持。

（3）在运动训练中的反馈与应用。运动心电图不仅可以用于评估和筛查，还可以在运动训练中作为即时反馈工具。通过实时心电监测系统，教练员和运动员可以随时了解运动中的心脏反应，及时调整训练强度和方式，以避免心脏负荷过大导致的风险。这种即时反馈机制能够有效优化训练效果，提高运动员的耐力和心血管健康水平。

3. 静息心电图与运动心电图结合应用的优势

将静息心电图与运动心电图结合应用，能够更全面地评估运动员的心脏功能和健康状况。这种结合应用的优势在于能够通过静息心电图提供基础数据，再通过运动心电图评估动态反应，从而更准确地判断运动员的心血管健康，优化训练和比赛策略。

（1）多维度评估与早期干预。静息心电图提供了运动员在安静状态下的心脏健康信息，而运动心电图则提供了在运动应激条件下的动态反应信息。两者结合，可以更全面地分析运动员的心脏功能状态，及时发现异常，并采取早期干预措施。这对于高水平竞技运动员，尤其是冬季残疾项目运动员来说，具有重要的安全保障意义。

（2）个性化训练与康复计划制定。基于静息和运动心电图的评估结果，可以制订个性化的训练和康复计划。例如，对于心电图显示窦性心动过缓的耐力型运动员，可以制订增加强度和频率的间歇训练计划，以提高心脏泵血效率；而对于运动心电图表现出心肌缺血风险的运动员，则需要进行更谨慎的训练安排，避免过度负荷。

（二）高原与低温暴露下生物力学监测方法的优化

高原训练作为一种提高运动员体能和竞技水平的有效手段，在冬季运动项目中得到了广泛应用。对于残疾越野滑雪运动员来说，高原环境与低温条件下的生物力学监测尤为重要，这不仅关系到运动员的身体机能适应，也直接影响到运动表现的优化。下面将探讨高原训练对残疾越野滑雪运动员身体机能和运动表现的作用机制，并总结这一过程中生物力学监测方法的优化策略。

1. 高原训练对身体机能的作用

高原训练，通常指在海拔 1800m 以上的环境中进行的耐力训练，通过模拟低氧条件促进运动员的心肺功能适应和体能提升。对于残疾越野滑雪运动员而言，高原训练的主要目的是增强心血管系统、骨骼肌系统以及物质能量代谢系统的功能，以应对比赛中的高强度运动需求。

(1) 心血管系统的适应。高原环境的低氧条件要求运动员的心脏能够更有效地输送和利用氧气。研究表明,经过 4 周的高原训练,运动员的静息心率显著降低,心脏收缩能力提高,血红蛋白运输氧气的能力也得到了显著增强。这一变化在坐姿组和站姿组的男运动员中尤为明显,尤其是在高原训练中期和后期,运动员的心率逐渐下降,表明心血管系统逐渐适应高原低氧环境。

(2) 物质能量代谢系统的提升。高原训练能够有效增强运动员的物质能量代谢功能,尤其是乳酸代谢能力。研究显示,站姿、视障组的男运动员以及坐姿组的男女运动员在高原训练后,血乳酸水平显著下降,血乳酸恢复量显著提高。这表明高原训练增强了运动员对高强度运动的耐受能力,有助于延缓疲劳的发生,提高运动表现。特别是坐姿组运动员的变化更为显著,显示了高原训练在提升上肢发力能力方面的优势。

(3) 肌肉骨骼系统的变化。高原训练不仅改善了运动员的心肺功能,也对肌肉骨骼系统产生了积极的影响。训练后,坐姿和站姿组的运动员在训练后及次日清晨的尿蛋白和尿隐血阳性率显著降低,说明高原训练减轻了肌肉组织的损伤,增强了运动员的恢复能力和耐力。这些变化为残疾运动员在高强度、低氧环境下的生理适应和运动表现优化提供了支持。

2. 高原训练对运动表现的提升

高原训练的另一大重要目标是提升运动员的专项能力和比赛成绩。研究显示,高原训练能够显著改善残疾人越野滑雪运动员的运动表现,特别是在长距离和中距离项目上,运动员的成绩均有显著提高。

(1) 专项能力的提升。高原训练后,坐姿组和站姿组的男运动员在测试赛中的表现显著提升,尤其是在长距离项目上的进步更为突出。这表明,高原训练不仅能够增强运动员的体能储备,还能够提高他们在高强度运动中对氧气的利用效率。由于坐姿组运动员主要依靠上肢发力,高原环境对他们的刺激更为明显,因此其生理指标和运动表现的提升也更加显著。

(2) 训练效益的差异性。不同组别的运动员在高原训练后的表现提升存在差异。站姿、视障组的女运动员在高原训练后成绩变化不显著,可能与个体的生理适应性、训练负荷安排等因素有关。这提示教练团队在制订高原训练计划时,需要考虑个体差异,进行精细化的训练安排,以最大化高原训练的效果。

3. 生物力学监测方法的优化

在高原与低温环境下,生物力学监测技术的优化尤为重要。通过准确的生物力学监测方法，可以更全面地了解运动员的生理变化和运动表现，从而制订更加科学的训练计划。

（1）多层次数据监测。在高原训练过程中，需要对运动员的静息心率、血氧饱和度、血乳酸、尿蛋白等生理指标进行多层次监测，以准确掌握运动员的身体机能变化。这些数据为高原训练的效果评估和调整提供了科学依据，也为运动员的身体健康管理提供了支持。

（2）动态调整训练方案。通过对生理指标的实时监测，教练团队能够动态调整训练负荷和强度，避免过度训练或训练效果不足的情况。这种动态调整机制，能够帮助运动员更好地适应高原环境，提高训练效率和比赛表现。

（三）新型传感器与深度学习的结合应用

在生物力学测试和运动监测领域，新型传感器与深度学习技术的结合为运动员的表现评估和残疾人士的交流提供了创新的解决方案。下面将介绍一种基于摩擦电传感器和深度学习的唇语解码系统（Lip-Language Decoding System, LLDS），其通过检测面部肌肉的细微运动，实现了无声环境中的语言解码和指令识别。

1. 摩擦电传感器的工作原理与应用

摩擦电纳米发电机（Triboelectric Nanogenerator, TENG）基于摩擦电效应和静电感应原理进行工作，能够将微小的机械能转化为电能。此类传感器在检测微小肌肉运动时表现出优异的灵敏度和低功耗特性，无须额外电源供电便能产生电信号。研究中开发的柔性摩擦电传感器能够贴合面部肌肉的形变，通过捕捉口唇肌肉的运动生成电信号，实现对无声语音的解码。

（1）传感器的结构设计与信号特性分析。唇语解码系统的核心部件是摩擦电传感器，该传感器由柔性聚合物薄膜、海绵层和铜电极组成。传感器的设计采用典型的接触—分离模式，当传感器表面材料发生接触和分离时，因电荷转移而产生电信号。这种结构不仅能有效地捕捉口唇肌肉的运动，还能通过调节传感器的预紧力和位置，进一步提高信号的采集精度。

（2）摩擦电传感器在无声环境中的优势。与传统的视觉或声学检测方法相比，摩擦电传感器在无声环境中更具优势。视觉方法容易受光线、角度和遮挡物的影响，而摩擦电传感器则能够避免这些干扰，特别适合在口罩遮挡或弱光环境下使用。此外，摩擦电传感器的低功耗特性使其能够在长时间使用中保持稳定的信号输出，非常适合可穿戴设备和实时监测系统的应用。

2. 深度学习模型在传感器数据分析中的应用

为了实现对复杂唇语信号的高效识别，研究中采用了一种基于原型学习（Prototype Learning）的扩张递归神经网络（Dilated Recursive Neural Network，Dilated RNN）模型。该模型能够有效应对唇语信号的多样性和个性化小样本问题，确保在多类别分类任务中取得高准确率。

（1）深度学习模型的结构与功能。研究所采用的深度学习模型由多层扩张递归神经网络组成，使用门控循环单元（Gated Recurrent Unit，GRU）作为基本单元，以捕捉口唇信号的长短期依赖关系。扩张机制有效减少了模型参数的数量，提高了训练效率，并增强了对时序数据的处理能力。在分类阶段，信号通过特征提取器映射到深度特征空间中，并通过计算样本与类别原型之间的距离实现精准分类。

（2）模型在小样本条件下的优异表现。实验表明，基于原型学习的 Dilated RNN 模型在小样本条件下的表现显著优于传统的 softmax 分类模型。在训练样本减少至原始数量的 20% 时，Dilated RNN 模型仍能保持 85.23% 的测试准确率，而 softmax 模型的准确率则下降到 31.46%。这种差异表明，原型学习模型在面对数据量较少的情况时，能够更好地保持分类性能。

3. LLDS 的多场景应用与潜力

摩擦电传感器结合深度学习的唇语解码系统在多个实际应用场景中展现了其广泛的应用潜力。以下是几个典型的应用实例。

（1）无障碍沟通与康复辅助。该系统能够为存在语言障碍的患者提供便捷的沟通工具。通过口唇运动的检测与解码，系统可以将无声的口型转换为语音或文本，帮助患者实现与他人的无障碍交流。这在提高患者生活质量的同时，也为语音康复训练提供了创新的技术支持。

（2）基于唇语的身份验证与安全控制。LLDS 系统在个性化身份验证中同样具有广阔的应用前景。通过捕捉个体独特的唇语信号特征，该系统能够用于高安全性的门禁系统和身份验证应用。与传统的指纹或虹膜识别相比，唇语识别具有更高的隐蔽性和安全性，且不易被伪造。

（3）智能人机交互与设备控制。通过摩擦电传感器的精确检测和深度学习算法的高效识别，LLDS 系统可用于未来的智能家居和机器人控制系统中，提供更为自然和便捷的交互方式。例如，用户可以通过唇语指令实现对家居设备或机器人的远程控制，提升智能设备的交互体验。

(4)生物医学工程与健康监测。摩擦电传感器的灵敏度和可穿戴特性使其非常适合用于实时的生物医学监测和健康评估。结合深度学习技术,未来可以开发更为智能化的健康监测设备,实时分析用户的生理状态和行为模式,为个性化健康管理和疾病预防提供科学依据。

第四节　配速策略优化与智能能量管理

在残疾人冬季运动中,配速策略和能量管理是影响运动表现的核心因素之一,尤其是在越野滑雪、高山滑雪和冬季两项等需要长时间滑行、体能消耗巨大的项目中,合理的配速和能量管理能够显著提升运动员的比赛表现。科技的进步使通过智能监控设备、AI 算法和生物反馈技术,可以更精确地掌控配速和能量分配,实现技术和体能的最佳结合。以下从智能配速监控系统、能量管理优化、个性化配速策略及动态数据反馈与策略调整四个方面,深入探讨科技如何在残疾人运动中的应用。

一、智能配速监控系统

智能配速监控系统通过实时数据采集与反馈,帮助运动员在训练和比赛中精确控制滑行速度和体能消耗。这种系统通常由可穿戴设备、环境传感器和云端数据分析平台组成,能够实时跟踪运动员的速度、心率、能量消耗、滑行路径等多维度数据,帮助教练员和运动员根据实时数据优化滑行策略。

(一)实时速度监控与反馈

配速监控系统通过可穿戴设备(如智能手表、智能眼镜)监控运动员的瞬时速度、滑行路线和坡度变化。高精度的 GPS 模块和惯性传感器可以捕捉运动员的瞬时速度和加速度,帮助运动员根据赛道和坡度实时调整速度[1]。例如,在越野滑雪中,运动员在上坡时需要提高推杆频率,而在下坡时则可以放松,依靠重力减少体力消耗。

(二)多维度数据集成与优化

该系统不仅可以实时监控速度,还结合心率、体温、风速等环境数据,构建多维度分析框架。例如,当监测到运动员的心率过高时,系统可以建议降低滑

---

[1] 张艺佳,姚小兰,韩勇强,等. 基于可穿戴惯性测量的滑雪运动员姿态测量与水平评估方法[J]. 导航定位与授时,2021,8(6):74-80.

行速度，避免能量过度消耗。通过结合不同的环境数据，如坡度和雪面阻力，系统可以提供动态调整建议，使运动员在最艰难的赛道段依旧保持稳定表现（表12-6）。

表12-6 智能配速监控系统的功能模块

功能模块	技术手段	应用场景
实时速度监控	GPS模块、惯性传感器	实时监控滑行速度，提供速度变化趋势
心率与体能数据集成	可穿戴设备、心率传感器	实时监控心率，调整滑行节奏
地形与环境数据整合	GPS与环境传感器	根据坡度、风速等调整滑行策略

二、能量管理优化

能量管理在残疾人冬季运动中尤为重要，特别是在越野滑雪和冬季两项等需要长时间滑行的项目中，合理分配体能是确保运动员在比赛后期保持竞争力的关键[1]。智能化能量管理系统通过监测能量消耗和恢复情况，帮助运动员优化体能分配，确保在关键阶段保持高效的能量利用。

（一）智能能量消耗监控

智能能量管理系统可以通过可穿戴设备监测运动员的心率、呼吸频率和能量代谢情况。例如，系统通过AI算法实时计算运动员的能量消耗速率，并在检测到运动员能量消耗过快或疲劳状态时发出调整建议，帮助运动员维持体能。对于下肢残疾的运动员，尤其是坐姿滑雪，系统会侧重监测上肢推力的分配，确保其推杆频率与坡度和赛道长度相匹配。

（二）大数据分析与能量分配优化

通过收集运动员的历史训练和比赛数据，智能能量管理系统可以利用大数据分析与优化能量分配策略。AI算法根据运动员的体能状况和历史比赛数据，建议在赛道的不同阶段如何调整体能分配。例如，在越野滑雪的上坡阶段，系统可以建议提高推杆频率以维持速度，而在下坡阶段则建议运动员减少体能消耗，依靠地形优势提高滑行效率（表12-7）。

---

[1] 武金萍，赵亮，孙冬，等.生物力学视角下高山滑雪运动员竞技表现的影响因素［J］.医用生物力学，2021，36（4）：502-509.

表 12-7　能量管理系统的功能与应用

功能模块	技术手段	应用场景
能量消耗监控	可穿戴设备、呼吸监测仪、心率传感器	实时监控能量消耗，避免过度疲劳
能量分配优化	大数据分析、AI 算法	动态调整能量分配，优化体能使用
能量恢复监控	呼吸频率监测、心率变异性分析、乳酸监测	监控恢复状态，避免过度训练

三、个性化配速策略

个性化配速策略不仅提高了运动表现，还可以根据运动员的生理特征和残疾类型进行针对性优化。每位运动员在体能、力量和耐力方面各不相同，尤其是残疾运动员在滑行过程中面临不同的挑战，通过个性化的配速策略，可以帮助他们更好地管理体能，提高比赛成绩。

（一）基于残疾类型的个性化策略

残疾运动员的运动需求各异，例如，坐姿运动员主要依靠上肢力量推动滑行，而站姿运动员则需平衡上下肢的发力。因此，智能系统会根据不同的残疾类型制定专属配速策略。通过生物力学分析，系统能够识别运动员在滑行中的发力特点，并根据其体能状况和地形特征，调整推杆频率和滑行速度。

（二）实时反馈与动态调整

个性化配速策略不仅在赛前制定，还可通过智能设备实时反馈调整。例如，AI 系统会根据运动员的心率、能量消耗和比赛进程，提供个性化调整建议。运动员通过可穿戴设备接收到实时反馈，可以及时调整滑行速度或体能输出，确保在比赛中的表现始终处于最佳状态。

四、动态数据反馈与策略调整

动态数据反馈系统通过实时数据采集和分析，为教练员和运动员提供即时调整配速策略的依据。这种反馈机制不仅帮助运动员在比赛中即时反应，还可以通过长期数据积累优化训练和比赛策略。

（一）实时数据收集与反馈

智能系统通过可穿戴设备和环境监测器，实时采集运动员的滑行速度、能量消耗、心率等数据，生成反馈信息。例如，当系统监测到运动员在上坡时速度下降，能量消耗过高时，会建议运动员调整推杆节奏。教练员通过手机或平板实时接收这些数据，可以迅速指导运动员调整策略。

（二）赛后数据分析与策略优化

比赛结束后，动态反馈系统会对比赛进行详细的数据分析。通过分析速度曲线和能量消耗趋势，系统可以帮助教练员和运动员识别出比赛中的优势和弱点，进而优化下一场比赛的配速策略。例如，通过分析上坡和下坡阶段的滑行效率，系统可以建议运动员如何分配推杆频率和滑行速度，以确保在长时间的比赛中体能不被过早耗尽。

通过智能配速监控和能量管理，残疾运动员能够更精确地管理自己的体能，最大化发挥在复杂赛道中的技术优势。在未来，配速与能量管理技术的进步将进一步提升残疾运动员的整体表现，帮助他们在国际赛事中取得更佳优异的成绩。

第五节　科技助力运动损伤预防与康复

在残疾人冬季运动项目中，运动员面临着复杂的竞技环境与高强度的比赛需求，不仅对其身体的机能和技术提出了极高要求，也增加了发生运动损伤的风险。尤其是在滑雪、滑冰、冰壶等项目中，频繁的剧烈运动与特殊的运动姿态让残疾运动员更加容易受到肌肉劳损、关节损伤等运动损伤的困扰，而科技的不断发展，尤其是智能监测系统、先进的康复设备以及虚拟现实等新兴技术的应用，为运动损伤的预防和康复带来了革命性的进步。通过这些科技手段，运动员的健康管理不仅更加精准和高效，也显著提升了运动员恢复健康后的运动表现。以下从智能监测系统、先进康复设备与智能化训练、虚拟现实与增强现实辅助康复训练和疲劳管理等多个方面，进一步探讨科技如何为残疾运动员的运动损伤预防与康复提供全方位支持。

一、智能监测系统的深度应用

智能监测系统是现代运动损伤预防与管理的核心科技工具，尤其在残疾人冬季运动项目中，运动员的身体机能和运动模式与健全运动员存在显著差异，因此更需要个性化、实时的监控与反馈系统。智能监测系统通过多种传感器采集运动员的生理、生物力学数据，为教练员和医疗团队提供详细的分析与报告,有助于在运动过程中及时发现潜在的损伤风险。

(一) 肌肉负荷与关节受力监测

残疾运动员在滑雪、滑冰等项目中,经常需要通过上肢或核心肌群弥补下肢或其他部位的功能不足,这对特定肌肉和关节造成了超负荷的压力,容易导致损伤。通过可穿戴的肌电图(EMG)和关节压力监测装置,可以实时监控运动员的肌肉负荷和关节受力情况。这些设备可以检测到运动员在推杆、滑行和转弯时肌肉的疲劳状况、力量分布不均等问题,当肌肉负荷达到一定限度时,系统会发出警报,提醒运动员调整姿势或减轻训练强度,从而避免过度使用引发的肌肉和关节损伤。

例如,在坐姿滑雪项目中,运动员的上肢肌肉和肩关节承担了巨大的推动力,通过肌电传感器,可以精确测量上肢肌肉在滑行中的力量分布、疲劳积累程度等,并为教练员和运动员提供优化训练动作的依据,降低运动伤害的发生率。

(二) 姿态与平衡监测系统

在高山滑雪、单板滑雪等高速度运动项目中,运动员的姿态控制和平衡保持至关重要。通过动态姿态捕捉系统和惯性导航装置,教练团队可以实时监测运动员在滑行过程中的身体姿态变化、重心位置、转弯角度和滑行速度等参数[1]。尤其是在高速转弯或急停时,运动员的身体平衡很容易受到挑战,这种动态监测系统可以迅速捕捉到姿态不稳、重心偏移等问题,并及时给予反馈,帮助运动员调整动作,降低摔倒或意外受伤的风险。

对于残疾运动员来说,身体某部分的功能缺失导致他们在运动中对其他肌肉和关节的依赖增加,姿态和平衡控制变得更加复杂。例如,单板滑雪运动员在高速滑行时,惯性导航设备能够检测到运动员在转弯或加速时是否存在重心偏移或滑行姿态不对称的问题,从而有效预防因为姿态失衡带来的摔倒和损伤。

二、先进康复设备与智能化训练

运动损伤后的康复过程对运动员恢复健康至关重要。现代科技的发展,尤其是智能康复设备的应用,极大提升了康复训练的精准度和效果,为运动员提

---

[1] 彭泽波. 基于 UWB/MINS 的智能滑雪板姿态与轨迹测量系统研究 [D]. 哈尔滨:哈尔滨工程大学,2021.

供了量身定制的康复训练方案。这些设备能够根据运动员的损伤部位、功能恢复需求，进行个性化的康复训练安排（表12-8）。

表12-8 智能监测系统在残疾人冬季运动损伤预防中的应用

功能	应用技术	效果
肌肉负荷监测	可穿戴式肌电图（EMG）	实时监控肌肉工作状态，预防肌肉劳损
姿态与平衡监测	动作捕捉系统、惯性导航装置	监测姿态和重心变化，减少摔倒风险
关节压力监测	压力传感器、动态力学分析	监控关节受力状态，防止关节损伤
疲劳管理与反馈系统	生理数据采集设备、智能手表等	监控疲劳状态，避免过度训练

（一）智能康复训练设备

智能康复设备通过融合传感器技术、机械臂系统和人工智能算法，实现对运动员康复进度的实时监控与动态调整。例如，智能平衡训练设备可以帮助残疾人滑雪运动员恢复下肢或核心部位的平衡能力[1]。通过这些设备，教练员可以设置不同的难度等级，从初期的轻度平衡训练到后期的高难度滑行模拟，逐步帮助运动员恢复技术水平。

智能康复设备还能提供实时反馈，针对每个动作进行精确的调整建议[2]。例如，当设备监测到运动员的某个动作无法达到康复要求时，系统会根据传感数据实时调整训练负荷和难度，确保康复训练的安全性与有效性。

（二）电刺激康复与肌肉再训练

电刺激康复设备在运动员肌肉功能恢复中发挥了重要作用，尤其是对那些由于长时间休养而导致肌肉萎缩的运动员。通过电刺激设备，可以有效促进肌肉的再次激活和力量恢复。这类设备可以根据运动员的肌肉状态调整电刺激的强度和频率，帮助运动员恢复肌肉力量，同时改善神经—肌肉控制。

在越野滑雪和单板滑雪等需要较多上肢和核心力量的项目中，电刺激技术可以加快残疾运动员的肌肉恢复进程，使他们能够尽快恢复到训练状态，减少

---

[1] 牛文鑫. 基于生物力学的坐姿运动康复管理系统研发与应用[J]. 医用生物力学，2024，39(S1)：158.
[2] 张淑娴，郑雅丹，李鑫，等. 智能运动反馈训练在脑卒中恢复期偏瘫患者手及上肢功能康复中的应用[J]. 中国康复医学杂志，2019，34(10)：1183-1187.

长期康复带来的运动能力下降（表12-9）。

表12-9　康复设备在残疾人冬季运动损伤康复中的应用

设备类型	应用技术	功能效果
智能康复训练设备	机械臂、力反馈系统、传感器	提供个性化康复训练，动态调整负荷
电刺激康复设备	电刺激技术、肌肉电激活系统	加速肌肉再训练，恢复神经—肌肉控制
智能平衡训练设备	平衡传感器、动态反馈系统	提高下肢及核心平衡能力，防止复发
力量训练设备	智能阻力系统、可调节负荷设备	恢复力量与体能，提升核心稳定性

三、虚拟现实（VR）与增强现实（AR）在康复中的应用

虚拟现实（VR）和增强现实（AR）技术为冬残奥运动项目中的残疾运动员康复训练提供了新的解决方案[1]。这些技术不仅能够模拟真实的比赛场景，还能够为残疾运动员创造个性化的康复训练环境[2]。

（一）虚拟现实（VR）技术在运动康复中的应用

1. 个性化虚拟康复训练的应用

针对残疾运动员的个性化康复需求，VR技术为他们提供了多样化的康复场景。通过模拟不同残疾类型的运动环境，帮助运动员逐步恢复特定运动项目中的技术动作。例如，对于高山滑雪项目，残疾运动员可以通过VR模拟复杂的滑雪道，包括不同的旗门设置和地形变化，帮助他们在逐渐适应下坡和转弯技术的同时，避免实地训练中可能出现的二次损伤风险。此外，VR还能够模拟不同的设备和辅具，如单板滑雪的支撑器具，帮助截肢运动员恢复对辅助设备的使用能力。

对于冰壶等冬季残奥项目，VR技术可以模拟不同的冰面条件和战术设置。残疾运动员通过虚拟环境中复杂的战术演练，维持战术意识和策略执行能力。

---

[1] 萧演清，白洪铭，郑佳，等．虚拟现实技术在神经运动康复中的应用综述［J］．计算机辅助设计与图形学学报，2024，36（9）：1311—1327.
[2] 徐建光，王彤，单春雷，等．虚拟现实技术应用于感觉-运动功能康复的专家共识［J］．中国康复医学杂志，2024，39（4）：461-470.

结合冰壶运动员在投壶过程中的身体限制，VR可帮助其在康复期持续进行策略和精度训练，避免长期缺乏训练带来的技能下降。

2. 虚拟现实技术在心理康复中的作用

除了物理康复，心理康复在残疾运动员的康复过程中同样至关重要。通过虚拟现实技术，运动员可以在无风险的环境中逐步恢复技术动作并增强心理适应能力。例如，VR可以模拟残奥会比赛场景中的高压环境，帮助残疾运动员适应观众的干扰、比赛的紧张感等心理应激场景。这种方式对于曾因重伤而长时间缺席比赛的残疾运动员尤为重要，通过模拟比赛环境，运动员可以提前适应比赛中的挑战，增强恢复后的心理适应性和自信心。

（二）增强现实（AR）技术在残疾人冬季运动康复中的应用

AR技术通过将虚拟信息叠加在现实环境中，能够为残疾运动员提供更精准和互动性更强的康复训练方式，特别是在冬季运动项目中具有重要的应用价值[1]。

1. 战术和策略训练

对于轮椅冰壶运动，AR技术可以将战术策略实时叠加在运动员的实际训练场景中。例如，AR可以在训练时将虚拟战术分析覆盖到冰面上，帮助运动员进行战术调整和判断。在没有比赛压力的环境中，运动员可以模拟不同的战术情景，提升他们的比赛应变能力和战术执行力。

2. 平衡与协调能力的康复训练

对于那些在滑雪、冰壶等项目中存在平衡和协调能力问题的残疾运动员，AR技术能够提供实时反馈，帮助他们调整动作姿势。例如，残疾运动员在使用滑雪设备时，AR技术可以实时显示他们的重心变化和身体姿态，从而帮助他们改善滑雪中的平衡感和身体控制力，提升康复效率。

3. 肌肉记忆与运动技能的增强

AR技术可以帮助残疾运动员通过增强的反馈机制进行肌肉记忆的重建和运动技能的提升。例如，在滑雪训练中，AR可以实时显示肌肉的活动情况和关节的运动轨迹，帮助运动员优化滑行姿势，增强动作的准确性。类似地，在冰壶训练中，AR可以为运动员提供最佳的投壶角度和力量提示，帮助其提高

---

[1] 李春迎，陆正大，谢凯，等. 增强现实在医学领域中的应用现状研究［J］. 中国医疗设备，2020，35（9）：165-168.

投掷的精确度。

四、疲劳管理与恢复策略

在运动损伤预防和康复中，疲劳管理是不可忽视的重要环节。过度疲劳不仅会增加运动损伤的风险，还会延长运动员的康复时间。通过智能设备的实时监测与反馈，运动员和教练员可以根据疲劳状态调整训练强度，并采取合适的恢复策略，确保运动员在最佳状态下参与训练和比赛。

（一）疲劳监测与恢复训练

智能手表、心率监测器等设备能够实时监测运动员的生理指标，如心率变异性、血氧水平和运动负荷等。根据这些数据，教练员可以了解运动员的疲劳水平，并在训练中采取适当的调整措施，例如，减少训练强度、延长休息时间或进行低强度的恢复训练。

在康复阶段，疲劳管理同样重要。通过监测设备，教练员可以实时调整康复训练的强度，避免运动员因过度训练导致二次损伤。

（二）恢复训练的个性化方案

科技的进步使疲劳管理不再依赖经验判断，而是可以通过数据分析为运动员提供个性化的恢复训练建议。根据运动员的体能状态，智能系统可以推荐适合的恢复训练方法，如低强度的有氧运动、静态拉伸、冷热交替治疗等（表12-10）。

表 12-10　疲劳管理与恢复技术的应用

监控与反馈类型	应用技术	效果
实时疲劳监测	心率监测、血氧检测、智能手表	实时掌握疲劳状态，调整训练方案
恢复训练建议	生理数据反馈、AI 分析	提供个性化恢复训练方案，优化恢复效果
动态疲劳管理	可穿戴设备、数据监控	监控训练效果，预防过度训练或过早复出

第六节　虚拟现实与模拟训练技术的应用

随着虚拟现实（VR）和模拟训练技术的快速发展，这些技术已成为残疾人冬季运动项目训练中的重要工具[1]。通过创建高度仿真的训练环境，残疾运动员可以在不受外界条件干扰的环境中进行训练，这不仅增强了安全性，还提升了训练的有效性[2]。以下将详细探讨虚拟现实和模拟训练技术在残疾人冬季运动中的应用，并结合具体技术模块进一步解释如何将这些技术应用于实际训练。

一、VR训练环境的构建

虚拟现实训练环境的建立是运动员进行有效训练的基础，通过3D建模和虚拟仿真，教练员可以在无实际场地的条件下为运动员提供完整的训练体验[3]（图12-8）。

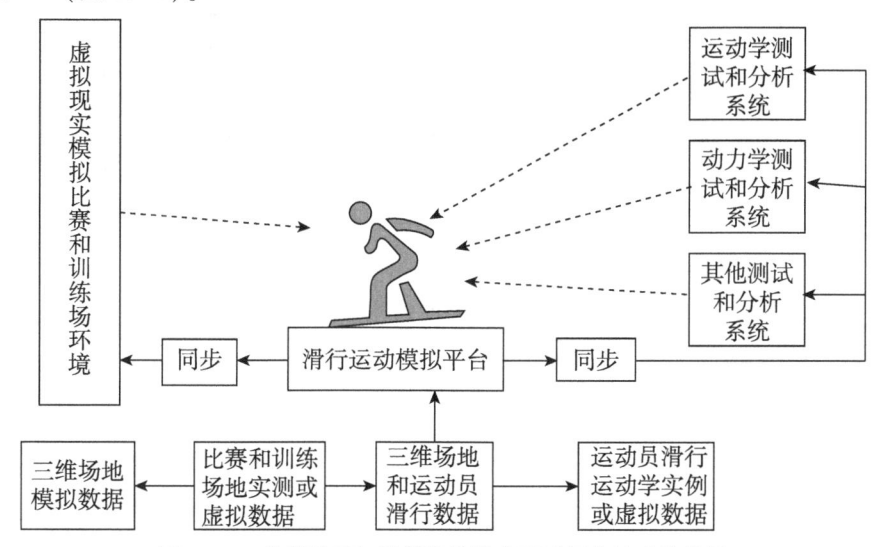

图 12-8　虚拟现实与模拟训练综合测试平台技术路线图

（一）滑雪人物模型建立

滑雪运动员的人物模型是虚拟训练环境中的核心元素。通过使用Maya等三维建模软件，研究人员能够构建包括骨骼、蒙皮和关节在内的完整运动员模

---

[1] 纪庆革，陈浩东，何穗申，等．虚拟现实在体育仿真中的应用综述：2003年以来的新进展［J］．计算机科学，2023，50（S1）：272-281．
[2] 何颖，张照，杨舒，等．基于VR技术的短道速滑模拟训练系统的研发与应用［J］．北京体育大学学报，2023，46（7）：52-64．
[3] 李晓波．基于虚拟现实技术的运动训练仿真模拟系统［J］．自动化技术与应用，2023，42（1）：77-81．

型。例如，滑雪模型可以根据残疾运动员的具体肢体情况进行定制化处理，确保每个模型都符合运动员的实际身体状况。通过骨骼绑定技术，虚拟人物可以模拟真实的动作，运动员的每个关节都能如实反映出滑行过程中对身体的要求，从而确保训练中的动作反馈与现实一致（图12-9）。

图 12-9　建立的滑雪人物模型

（二）滑雪场景建立

场景模拟是虚拟现实训练中不可或缺的部分，通过3D地形建模和虚拟场景搭建，VR系统能够精确模拟冬季运动赛场的地形、雪况、旗门设置等环境。例如，高山滑雪的比赛场地可以通过详细的地形数据和场景模型制作，包括雪道的坡度、旗门的设置、赛道的曲线等。像2022年冬奥会的滑雪场地，就可以通过三维点线面建模以及Houdini等程序工具实现高度仿真的模拟，使运动员能够在复杂地形中反复练习，提前适应比赛条件。

此外，虚拟场景还能模拟多种天气条件，如大风、大雪、湿滑雪道等。通过这样的环境模拟，残疾运动员能够在虚拟训练中适应不同的气候条件，降低因实际场地和天气带来的训练风险。

（三）环境条件变化的模拟

VR系统不仅能模拟不同的地形和赛道，还可以模拟环境条件的变化。通过气候模拟模块，运动员可以在虚拟环境中体验不同的雪况和气候条件，比如，大风天气下滑行的重心调整、湿滑雪道上的滑行控制等。这对于坐姿滑雪和单板滑雪等运动员尤为重要，他们可以通过模拟系统熟悉各种极端环境，避免在实地训练中因恶劣天气条件而受伤。

这种逼真的虚拟环境还可以根据每个运动员的具体情况进行个性化调整。例如，对于核心力量较弱的运动员，可以通过调节模拟场景中的坡度、旗门设置，逐步提升运动员的适应能力，从而在正式比赛时更加游刃有余。

二、模拟训练在残疾人运动中的应用

模拟训练技术通过3D动作捕捉、动力反馈和实时视频技术，帮助残疾运动员在更安全的环境中进行高难度技术动作的精细化训练。通过虚拟环境中的精确反馈，运动员能够不断优化技术表现，特别是对一些复杂或高风险动作进行反复练习，而无须担心受伤[1]。

（一）技术动作的模拟与矫正

在高山滑雪、单板滑雪等项目中，运动员在复杂地形和高速滑行中需要做出快速而精确的动作调整。例如，转弯时的重心转移、跳跃时的身体姿态，都要求高度的身体控制力。通过动作捕捉系统，VR训练环境能够实时捕捉运动员的每个动作细节，并生成关节角度、滑行速度、力量分布等数据。教练员和运动员可以通过这些数据，分析滑行过程中出现的技术问题，并进行及时的动作矫正。

例如，坐姿滑雪运动员在转弯过程中可能因为重心不稳而出现侧滑，通过虚拟现实系统的实时反馈，教练员可以清晰地看到运动员的重心变化，帮助他们在转弯时加强核心力量，避免重心失衡导致的速度损失。通过反复练习，运动员能够逐步掌握转弯的最佳姿态和滑行轨迹，提升技术动作的稳定性。

（二）假肢和辅助设备的虚拟适应

对于依赖假肢和辅助设备的残疾运动员，模拟训练系统提供了一个无风险的环境，帮助他们提前适应新设备的操作。例如，残疾人单板滑雪运动员可以通过VR模拟假肢在不同雪况下的表现，了解如何优化假肢的控制技巧。通过虚拟训练，运动员能够熟悉假肢的操作模式，减少滑行时的能量消耗，并在实际比赛中保持更高的稳定性和效率。

三、VR与动作捕捉系统的同步应用

VR与动作捕捉系统的同步技术为残疾人冬季运动项目的训练和生物力学测试提供了更加逼真的虚拟环境和实时的动作反馈。这种技术的结合不仅能够

---

[1] 李强. 基于虚拟现实技术的运动员模拟训练系统设计［J］. 信息技术，2022（3）：73-77；83.

精确捕捉运动员的动作细节,还能通过虚拟现实技术将运动员的实际动作映射到虚拟环境中,实时反馈运动表现,进而帮助教练员和运动员进行及时的调整与优化。

(一)动作捕捉与 VR 系统的同步机制

在高科技训练系统中,动作捕捉系统(Motion Capture)与 VR 系统的同步是实现运动员虚拟训练的关键。通过安装在运动员身上的多个惯性传感器和标志点,动作捕捉系统能够实时跟踪运动员的动作轨迹、关节角度和身体姿态。通过同步技术捕捉到的这些动作数据可以与 VR 系统中的虚拟人物模型进行即时匹配,生成高度还原的虚拟训练场景。

例如,在高山滑雪项目的训练中,残疾运动员的每一个动作都可以通过 NOKOV 光学三维动作捕捉系统捕获并同步至 VR 环境中。这样一来,运动员在滑行过程中的每个转弯、跳跃或加速动作都会在虚拟现实环境中得到准确地呈现,确保运动员能够在虚拟训练中做出正确的动作调整,模拟真实滑行中的复杂动作。

(二)实时反馈与数据分析

VR 与动作捕捉系统的同步不仅能够提供即时的动作反馈,还能生成详细的数据分析报告。通过同步控制模块,运动员的动作数据可以实时传输到 VR 系统中,系统能够在滑行过程中为运动员提供实时的技术反馈。

例如,在残疾人坐姿滑雪训练中,通过 VRPN 形式传输的动作捕捉数据,教练员可以实时监控运动员在 VR 环境中的滑行表现,并根据系统提供的反馈,调整运动员的滑行姿态、速度控制以及转弯时的重心转移。这种即时反馈能够显著提高训练的效率,使运动员能够快速做出调整,减少动作失误,避免潜在的受伤风险(图 12-10)。

图 12-10 动作捕捉系统测试结果实时显示

(三)同步控制模块的作用

为确保动作捕捉与 VR 系统的无缝衔接,系统采用了同步控制模块,实现多设备的联动操作。这个模块的核心功能在于同步采集来自不同设备的数据，并将其整合到统一的 VR 环境中进行显示。例如，滑雪模拟系统中的 VR 场景、滑雪机和动作捕捉系统可以通过同步控制模块实现高度协调，确保运动员的每个动作都能够在 VR 场景中实时呈现，并与实际设备的操作保持一致（图 12-11）。

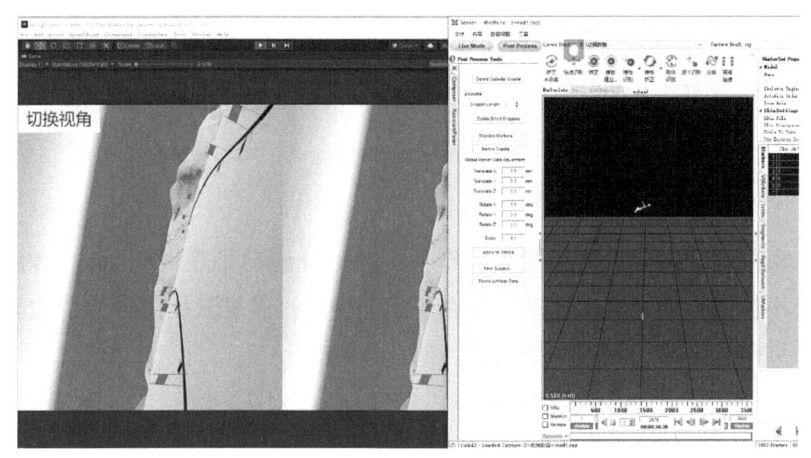

图 12-11　VR 场景及动作捕捉系统同步

这一同步控制模块通过差分降噪技术和图像信号处理，将滑雪机的速度、倾角调整、运动员的动作捕捉数据和 VR 场景的变化进行同步控制。当运动员的滑行姿态和速度在现实中发生变化时，系统会相应地调整 VR 中的虚拟滑行路径、雪况和坡度，使虚拟训练环境与现实滑行体验无缝对接。

（四）VR 场景与滑雪机的联动

在滑雪模拟平台上，VR 场景与滑雪机的同步控制是保证训练体验逼真的重要手段。通过结合动作捕捉和实时视频反馈系统，滑雪机的速度、倾角、滑行方向等参数能够与虚拟场景中的地形、气候条件实现实时同步。例如，当运动员在滑雪机上进行高速滑行时，VR 场景中的坡度和雪况也会随之改变，提供真实的滑行体验。此外，动作捕捉系统能够捕捉运动员的重心变化并同步到虚拟场景中，帮助运动员在虚拟环境中调整滑行姿态（图 12-12、图 12-13）。

科技助力冬残奥：残疾人运动科学与技术创新

图 12-12　模拟滑雪训练测试仿真系统人物模型

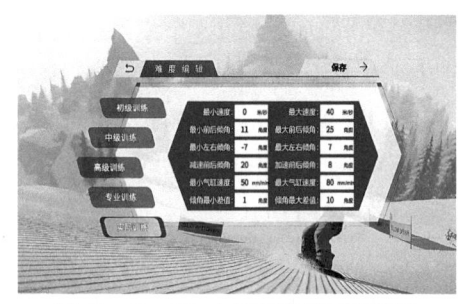

图 12-13　VR 内容同步控制滑雪机

四、运动表现评估与反馈

在模拟训练中，数据反馈和动作分析是提升运动员表现的关键。VR 和模拟系统不仅能够提供实时的动作反馈，还能够通过多维数据的分析，为教练员和运动员提供详细的表现评估报告。

（一）技术表现的量化分析

通过捕捉和分析残疾运动员在训练中的运动数据，系统能够生成量化的技术分析报告。例如，VR 系统能够记录运动员在滑行中的关节角度、推杆频率、滑行速度和力量分布等信息。这些数据为教练员提供了运动员技术表现的全面评估，帮助发现运动员的技术薄弱点并进行有针对性的训练。

对于越野滑雪和冬季两项等项目，通过对技术动作的量化分析，教练员可以更清楚地了解运动员在滑行中的能量消耗情况，优化推杆节奏和呼吸频率，从而提升滑行速度和稳定性。

（二）实时反馈与动态调整

VR 训练系统还提供实时反馈功能，运动员可以在训练过程中即时收到有关姿态调整、滑行策略的反馈。例如，在高山滑雪的训练中，系统可以在运动员转弯时提供实时反馈，帮助其调整重心，避免因重心偏移导致的速度损失。同时，运动员能够通过实时数据分析，调整呼吸频率和推杆力量，优化整体滑行效率。

五、心理素质训练与压力管理

冬季运动项目不仅需要高超的技术水平，还需要强大的心理素质应对比赛中的压力。虚拟现实技术通过模拟真实的比赛环境，帮助运动员在心理层面进行适应性训练，提高他们的抗压能力和临场应变能力[1]。

（一）比赛压力模拟与适应

VR系统能够模拟出比赛中的高压环境，如嘈杂的观众、紧张的比赛氛围和激烈的竞争场景等，帮助运动员在虚拟训练中逐步适应这些压力来源。残疾运动员可以在虚拟的比赛场景中反复练习，从而提高对比赛压力的耐受度和心理调整能力。

（二）心理数据的监控与反馈

通过结合心理监测设备（如心率监测、脑电图等），VR系统可以实时监控运动员在训练中的心理状态。当运动员的心理状态出现波动或紧张时，系统会通过反馈提醒其进行呼吸调整或放松练习。这种实时的心理监控和反馈机制，能够有效帮助运动员缓解训练和比赛中的压力，保持冷静和专注的状态。

第七节 科技助力残疾人体育的未来展望与挑战

随着科技的飞速发展，残疾人体育正迎来前所未有的机遇。现代科技不仅赋予了残疾人运动员突破身体限制、提升竞技表现的可能性，也在装备设计、技术优化和训练方式等方面带来了颠覆性的变革。然而，这一进步的背后也伴随着技术、社会和道德层面的多重挑战。未来，科技如何持续助力残疾人体育的发展，并应对这些挑战，将决定残疾人体育的未来走向。以下将从装备智能化、智能训练系统创新、生物力学优化、损伤预防与康复以及科技的社会责任等方面深入探讨。

一、科技助力残疾人体育的未来展望

科技在残疾人体育中的广泛应用不仅涵盖了运动装备、训练手段，还扩展至医疗康复、数据分析等多个领域。随着人工智能（AI）、虚拟现实（VR）、增强现实（AR）、大数据分析和生物工程等技术的不断进步，残疾人体育将出现更多创新性变化。

---

[1] 王芙蓉，何艳红，刘蓉容．人工智能在军人心理服务领域的应用［J］．中国临床心理学杂志，2023，31（4）：924-927．

（一）智能化装备的全面普及

未来，智能化装备将成为残疾人体育的核心。如今已经在残疾运动员中广泛应用的智能滑雪椅、滑雪杖和滑雪板，将进一步发展为具备更高精度调节能力和多功能集成的设备。这些装备不仅能根据地形、速度和天气情况进行动态调整，还能根据运动员的个体特征（如体重、身高、残疾类型）自动适应，提供个性化的性能优化方案。

通过传感器和微处理芯片的嵌入，智能化装备还能够实时记录运动员的动作、力量分布和压力点，为教练员提供精确的运动数据。这些数据不仅能帮助教练员制订个性化的训练方案，还能用于比赛过程中对战术策略的即时调整。例如，在越野滑雪比赛中，智能滑雪板可以根据运动员的体能状态和赛道条件实时调整滑行模式，确保运动员在不同阶段均保持最佳表现。

此外，3D 打印技术将在个性化装备制造中发挥重要作用。未来，残疾运动员的假肢、辅助设备将通过 3D 打印技术快速定制，并根据运动员的需求进行优化。这些假肢将不仅限于基本的功能支持，还将具备智能传感器，实时监测运动员的发力状态和肌肉活动，进一步提高其运动表现。

（二）智能训练系统的精细化发展

智能训练系统在未来将更加成熟，并具备更精细的分析和反馈功能。通过整合 AI、大数据和物联网技术，智能训练系统能够实时监测运动员的心率、呼吸频率、血氧含量等生理数据，并根据这些数据动态调整训练内容。例如，AI 系统能够预测运动员的疲劳状态，并在监测到身体进入过度疲劳状态时，自动降低训练强度或建议运动员进行恢复训练，从而防止伤病发生。

虚拟现实（VR）和增强现实（AR）技术在训练中的应用也将进一步发展[1]。通过创建高度仿真的比赛环境，VR 技术能够模拟各种复杂的滑雪场景，如急转弯、高低落差以及不同气候条件下的滑行。这不仅为运动员提供了丰富的训练场景，还减少了实际训练中可能面临的安全风险。在未来，运动员可以通过 VR 技术提前适应不同的比赛场地和环境，制定更科学的比赛策略。

此外，智能训练系统将能够通过 AI 学习运动员的训练和比赛数据，不断优化训练计划。例如，在轮椅冰壶中，系统能够分析运动员的投壶轨迹、出手

---

[1] 张昊，尹文荣. 新兴科技在体育训练中的应用——基于虚拟现实和增强现实的研究综述［J］. 黑龙江科学，2024，15（3）：147-149.

速度和角度,并提供实时反馈,帮助运动员在训练中不断调整技术动作,逐步提高竞技表现。

(三) 生物力学分析推动技术优化

生物力学分析技术的进一步发展,将大大提高残疾运动员技术动作的优化精度。现代生物力学分析系统通过动作捕捉和力学分析,能够详细记录运动员的关节角度、肌肉发力顺序和力量分布等数据。这些数据为教练员和运动员提供了深入分析技术动作的基础,帮助他们找出技术中的薄弱环节,并通过调整动作细节提升整体表现。

未来,生物力学分析将更加依赖大数据和人工智能。通过对大量运动员的数据进行分析,AI将能够识别出运动员群体中常见的技术问题,并为个体运动员提供个性化的技术改进建议。例如,AI可以分析残疾运动员在滑行中不同关节的受力情况,帮助他们调整发力角度和姿势,以减少能量损耗和运动损伤的风险。

(四) 康复技术的智能化与多样化

随着生物技术的发展,运动损伤的康复技术将进入智能化和多样化的新时代。未来的智能康复设备将能够根据运动员的康复进展自动调整康复训练内容。通过肌电传感器和生物反馈系统,康复设备能够实时监测运动员的肌肉活动和力量分布,并根据运动员的肌肉状态动态调整训练难度,确保康复训练的科学性和安全性。

虚拟现实和增强现实技术将在康复训练中发挥更大作用。例如,运动员可以通过虚拟场景中的模拟比赛,逐步恢复对复杂技术动作的掌控,减少心理压力。此外,虚拟现实技术还能够为运动员提供心理康复支持,通过模拟比赛环境,帮助运动员适应比赛压力,提高心理素质。

二、科技应用中的挑战

虽然科技进步为残疾人体育带来了巨大的机遇,但其在应用过程中也伴随着许多复杂的挑战。这些挑战包括技术普及的公平性、数据安全性、伦理问题以及运动规则的适应性等多个方面。

(一) 技术应用的普及与公平性

随着科技的发展,智能化装备和训练系统的成本不断上升,尤其是高精尖的智能设备价格昂贵，许多经济条件较差的运动员和训练机构难以负担。高昂的成本导致了技术应用的普及性问题，使不同运动员之间的科技资源差距日益扩大，影响了体育比赛的公平性。

为推动技术的普及和公平应用，国际体育组织和政府机构需要进一步制定相应政策，促进科技设备的标准化和价格透明化，确保所有运动员都能公平地享受技术进步带来的好处。

（二）数据隐私与安全问题

随着大数据、人工智能和智能设备的广泛应用，残疾运动员的训练数据、健康数据以及生物力学数据越来越多地被记录和分析。这些数据一旦遭遇黑客攻击或被未授权使用，可能会导致个人隐私泄露，甚至对运动员的职业生涯产生负面影响。

未来，如何确保数据安全、保护运动员的个人隐私，将是科技应用中的重要挑战。为此，必须建立更严格的隐私保护法规和数据加密技术，确保运动员的数据在采集、存储和分析过程中不被滥用。

（三）科技与人性化的平衡

科技的发展使训练和比赛越来越依赖于智能设备和数据分析。然而，过度依赖科技可能会忽视运动员的个性化需求和情感需求。运动员不仅是数据的执行者，他们还需要心理上的支持和情感上的关怀。

因此，未来的科技应用应更多地注重人性化，平衡技术进步与运动员的实际需求。例如，智能训练系统不仅应关注运动员的身体状况，还应结合心理分析，帮助运动员在训练和比赛中保持良好的心理状态。

（四）技术与运动规则的协调

随着智能装备和技术的快速发展，如何确保运动规则与技术进步的协调一致，也是一个值得关注的问题。智能装备的使用可能带来对比赛公平性的质疑。例如，某些智能装备的实时反馈和自动调节功能，是否在一定程度上违反了现有的体育规则，如何界定科技辅助与运动员自身技术能力的界限，这些问题都需要国际体育组织和规则制定者在未来认真思考。

国际残疾人奥林匹克委员会（IPC）等组织将需要持续更新比赛规则，确保在技术应用的同时，比赛的公平性和公正性不受影响。运动装备和智能系统的使用标准将需要更加明确，以避免因技术过度干预而影响比赛结果。

三、科技与社会责任

科技不仅改变了残疾人体育的训练和比赛方式，也影响了社会对残疾运动员的认知和支持。未来，科技在残疾人体育中的应用需要更加注重社会责任，推动残疾人平等参与体育活动的权利。

（一）促进社会平等

科技的进步应为所有残疾人提供更多参与体育活动的机会，而不仅仅是少数精英运动员。未来，智能运动装备和训练系统的普及化，将有助于更多残疾人参与日常运动和健康管理。这不仅能提高残疾人的生活质量，还能促进社会对残疾人体育的关注和支持。

（二）推动社会包容

通过科技的应用，残疾运动员的能力和成就得以更加广泛地展示给公众。未来，社会各界应通过科技平台和媒体，进一步加大对残疾运动员的宣传和支持力度，提升社会包容性，让更多人了解和认可残疾运动员的努力和成就。